Prométhée généticien

Collection « À présent »
dirigée par
François-David Sebbah

Collection soutenue
par la plateforme « Philosophies et technique »
de l'EA Costech
de l'Université de Technologie de Compiègne

Ouvrage publié avec le concours scientifique
de Charles Lenay et John Stewart
et le soutien de la Fondation du 450ᵉ anniversaire de
l'Université de Lausanne

Maquette de couverture : Michel Denis

Claude Calame

Prométhée généticien

*Profits techniques
et usages de métaphores*

encre marine

Sommaire

Avant-propos

*E*MPRUNTANT VOLONTIERS à la Grèce antique ses exemples, Giambattista Vico fait de Prométhée le héros qui, deux cents ans après le déluge biblique et par conséquent universel, a volé au profit des hommes le feu du soleil ; le héros grec rejoint ainsi les figures de héros fondateurs et de poètes théologiens porteurs des premières sagesses civiles destinées à être éclairées par la « Science Nouvelle ». Vico n'oublie pas que ce don premier fut accompagné de nombreux autres bénéfices pour le genre humain. Pourquoi ne pas les énumérer dans une entreprise d'histoire universelle de la science des hommes guidée par la lumière de la providence divine ? C'est qu'ignorant la plasticité créative des mythes grecs, Vico se fonde implicitement sur la version devenue canonique parce que livrée par le poème théogonique d'Hésiode ; il tait, comme beaucoup de ses successeurs, la version plus sophistique mise en scène dans une tragédie attribuée à Eschyle. Non pas que le *Prométhée* *enchaîné* ne soit pas connu, mais la nature sémiotique et inter-prétative des différents arts que Prométhée passe pour avoir inventés a souvent échappé à l'attention des commentateurs de ce drame célèbre ; l'intention, contestée par Zeus, était de civiliser des mortels à l'origine singulièrement dépourvus. Au moment même où, des techniques de l'information, l'intérêt des scientifiques et des industriels cotés en bourse s'est déplacé vers les biotechnologies, au moment même où le débat sur la création d'embryons humains pour la production et l'usage thérapeutique de cellules souches a investi le champ du politi-que, une relecture de la tragédie d'Eschyle invite à repenser l'éventuelle contribution des sciences humaines quant aux im-plications épistémologiques du génie génétique et de la protéomique.

Dans une perspective de comparaison différentielle pru-dente, les affinités sont en effet évidentes entre, d'une part, les techniques d'interprétation symbolique du Prométhée mis en scène dans la tragédie classique et, d'autre part, les nombreu-ses métaphores empruntées aux sciences des systèmes de si-gnes pour concevoir, dans la postmodernité du libéralisme néo-capitaliste et technologique, les principes de l'ingénierie génétique, en particulier quand celle-ci intervient sur l'orga-nisme de l'homme. Conçus notamment en termes de code à déchiffrer et le cas échéant à modifier, le génie et la manipula-tion génétiques reposent sur une conception implicite de dé-terminisme biologique. Or, autant la représentation que donne la tragédie d'Eschyle des techniques artisanes promues par Prométhée que les conséquences qui en sont tirées nous con-duisent à interroger aussi bien la pertinence des métaphores fondant notre représentation du génie génétique que la logi-que déterministe qu'elles semblent impliquer. Ainsi, l'aspect interprétatif des techniques civilisatrices inventées par Prométhée à l'intention des mortels humains est une invitation à repenser le rôle joué par les facteurs environnementaux ainsi que par l'imprévisible aléatoire, tant dans les différentes représentations de ces nouveaux processus de fabrication de l'être humain que dans les pratiques biotechnologiques auxquelles elles invitent. Ces pratiques d'« anthropopoiésis » biotechnologique pourraient donner à la plasticité caractérisant l'être humain des formes qui seraient désormais « inscrites dans les gènes » et par conséquent transmissibles. Leurs conséquences organiques et symboliques sont-elles entièrement prévisibles, comme le laisse entendre le modèle déterministe du code génétique ?

La longue pratique des jeux métaphoriques d'une incroyable subtilité, auxquels se livre par exemple Pindare dans des poèmes destinés à une performance publique, au sein et au service de la communauté civique, devrait autoriser l'helléniste à jeter un regard critique sur l'épistémologie sous-jacente à un ensemble de discours et de pratiques propres à la modernité, marquée par les sciences du vivant. Si le domaine abordé, par sa haute technicité, est sans aucun doute étranger à ses compétences savantes, en revanche il constitue l'une des composantes essentielles du paradigme pratique dont il dépend lui-même, ne serait-ce qu'en tant qu'être humain.

L'interaction comparative et critique proposée ici, à titre de simple essai, entre deux constellations d'arts appliqués, appartenant à des paradigmes scientifiques et culturels très éloignés dans l'espace et dans le temps, est la résultante d'incitations multiples. À l'origine d'une réflexion sans doute insolite, il y a tout d'abord et fondamentalement l'occasion offerte par le dialogue entre humanistes et biologistes organisé en 2000 à l'École Polytechnique Fédérale de Lausanne et consigné dans le dossier paru dans *Polyrama* 115, 2001, sous le titre « Sciences humaines et sciences de la vie : un indispensable débat ». La recherche s'est poursuivie à l'occasion d'une rencontre internationale, organisée par le Graduiertenkolleg « Religion und Normativität » de l'Université de Heidelberg en novembre 2001 et intitulée *Mythen der Kreativität. Zur Anthropologie des Schöpferischen zwischen Hybris und Innovation* (actes désormais publiés par Krüger, Sariönder, Deschner (ed.), 2003) : instigation à réfléchir à partir de deux paradigmes sociaux et culturels fort éloignés sur les éventuelles limites assignées à la création anthropopoïétique et auto-référentielle de l'homme. Ces deux incitations essentielles n'auraient sans doute pas été suffisantes si la réflexion n'avait pas été entretenue par la collaboration au séminaire interdisciplinaire et postgrade de la Faculté des Lettres de l'Université de Lausanne qui s'insère dans le Centre lémanique « Nature, Science et Société » (projet IRIS IV. 4 d'encadrement doctoral et de développement des sciences humaines). Deux années durant, l'intitulé de ce séminaire doctoral a été : « Analyse textuelle et comparée des discours : la fabrication de l'humain » (quelques contributions à ce séminaire ont fait l'objet d'une publication dans Heidmann (ed.), 2003).

Les impertinentes propositions offertes ici ont par ailleurs été constamment alimentées par les échanges au sein du groupe de recherche sur les enjeux de l'anthropologie et de l'anthropopoiésis surnommé « Patomipala » (Pavia, Torino, Milano, Paris, Lausanne), notamment à l'occasion de la journée d'échange organisée à l'EHESS en mars 2004 (autour de l'ouvrage de Affergan, Borutti, Calame, Fabietti, Kilani, Remotti, 2003). Elles ont aussi bénéficié des réactions suscitées par des présentations partielles et successives au colloque international « Redrawing the Boundaries. Metaphorical and literal borders in the ancient world » à Yale University en septembre 2002, dans le cadre du cours doctoral « L'Europe et les biotechnologies » organisé par l'Institut européen de Coppet en mai 2003, à l'occasion du séminaire du Centre Louis Gernet à Paris consacré aux « Valeurs et fonctions des arts (*technai, artes*) » et partagé entre enseignants à l'EHESS et chercheurs au CNRS, pour trois conférences et séminaires présentés successivement à la Faculté des Lettres de l'Université de Padoue, au Centre « Antropologia e mondo antico » de l'Université de Sienne et à la Scuola Internazionale di Alti Studi de Modène, et finalement à l'occasion de deux exposés dans le cadre des séminaires interdisciplinaires « Biologie, anthropologie et philosophie du vivant » et « Biologie et société » tous deux tenus à l'École des Hautes Études en Sciences Sociales à Paris. Que les organisateurs et les animateurs de ces différentes rencontres trouvent ici l'expression de ma sincère reconnaissance pour des occasions de discussion aussi stimulantes qu'enrichissantes.

Enfin, les remarques issues des lectures critiques que m'ont offertes, à des titres divers, François Ansermet, Henri Atlan, Luciano Boi, Geneviève Bouffartigue, Claudine Cohen, Marie-Lorraine Colas, Jacques Dubochet, Mondher Kilani et John Stewart ont permis la refonte d'un premier manuscrit. La version qui en est issue a, à son tour, bénéficié des observations pertinentes de François Sebbah ; d'emblée, il a compris les enjeux de cette recherche interdisciplinaire quelque peu périlleuse et il a bien voulu l'accueillir dans la collection qu'il anime chez « Encre marine », auprès des Éditions Les Belles Lettres.

Ces échanges ont sans doute contribué à rendre un peu moins patente l'inévitable asymétrie entre le savoir érudit du poéticien helléniste, exploité dans les lignes qui suivent, et un savoir encyclopédique de profane, passionné d'anthropologie, sur les biotechnologies. Sans doute ce décalage ne fait-il que doubler l'asymétrie constitutive de toute relation anthropologique. Mais il renforce aussi la perspective décentrée que j'ai souvent revendiquée dans nos relations avec les manifestations culturelles des Grecs ; et il répond à l'exigence d'un regard comparatif qui ne peut que se reporter, en définitive et de manière critique, sur le paradigme social et scientifique même qui a motivé et alimenté la recherche.

C. C.
mai 2009

L'homme génétique
entre déterminisme et imprévisibilité

POUR CÉLÉBRER, en son cinquantième anniversaire, le dessin de la double hélice correspondant à l'organisation de la molécule d'ADN, l'un des concepteurs de l'élégante structure n'hésitait pas à déclarer récemment, sur son habituel ton péremptoire :

Cependant, ce fut le lundi 26 juin 2000, jour où le président Clinton annonça officiellement que l'ébauche du séquençage du génome humain venait d'être achevée, qui marqua l'apogée du premier demi-siècle de la révolution de l'ADN. « Aujourd'hui, nous apprenons le langage dans lequel Dieu a créé la vie. Grâce à ce savoir nouveau et profond l'humanité est sur le point d'augmenter immensément son pouvoir de guérir. » Le projet génome humain fit passer la biologie moléculaire à l'âge adulte : elle faisait désormais partie de ce que l'on appelle les « grandes sciences », celles qui bénéficient des moyens financiers lourds et produisent des résultats spectaculaires (*it has become « big science » with big money and big results*)[1].

En dehors de la rhétorique états-unienne fondée sur l'obsession du « *big* », il n'est point besoin d'une savante analyse de discours pour révéler la hiérarchie construite par ce double énoncé enchâssé. En allant du bas vers le haut : les résultats pratiques, les profits à en tirer (mentionnés avant même les applications techniques…), les thérapies, le génome humain, la biologie moléculaire comme déchiffrement de son langage, et finalement Dieu en tant que créateur de ce langage ! Il n'y aurait donc de science réelle que dans le profit financier avec la médiatisation qui en est le corollaire, par la découverte d'un langage qui accroît le pouvoir médical de l'homme dans son universalité, sous le regard de Dieu.

Ainsi la révélation de la forme en double hélice assumée, dans son harmonie, par la structure de la molécule d'ADN (soit l'acide désoxyribonucléique) aurait fait accéder la biologie à un nouvel âge des Lumières ; cette molécule est censée contenir l'information héréditaire de l'être vivant. Avec une découverte désormais cinquantenaire, le prix Nobel de médecine James D. Watson, accompagné de son collègue biologiste Francis H. C. Crick, peut se présenter comme le maître d'une révélation destinée à révolutionner non seulement la biologie moléculaire, mais aussi la médecine, l'agriculture et le

---

1. Watson & Berry, 2003, p. 15-16 (trad. Barbara Hochstedt), cf. aussi p. 207 où les auteurs rappellent que le communiqué de presse lancé par Bill Clinton en mondiovision depuis la Maison Blanche (avec renvoi au site http://www.ornl.gov) fut assorti simultanément d'une déclaration analogue émanant de Tony Blair au 10, Downing Street ; l'axe Washington-Londres n'a pas attendu la guerre d'invasion de l'Irak pour établir sa domination idéologique et économique sur les champs de profit les plus variés, pétrolifères ou non.

droit. L'impact de la nature chimique de l'organisme humain et de sa compréhension en termes de linguistique est donc d'ordre social. S'organisant comme un énoncé langagier, le génome humain sera conçu comme un ensemble de séquences fonctionnant selon les règles d'un code linguistique ; institué en patrimoine génétique, il est d'emblée envisagé dans la perspective de la fabrication organique, économique et morale, sinon théologique, d'un homme nouveau. Ces propositions interrogent autant le linguiste que l'anthropologue et l'helléniste. La technologie génétique et thérapeutique du biologiste face aux hommes souffrants se trouverait-elle dans la même position que les techniques civilisatrices transmises aux hommes nus par Prométhée ? Une nouvelle fabrication thérapeutique de l'homme face à Dieu, au même titre que le don du feu civilisateur sous le regard néanmoins offusqué de Zeus ? James Watson en nouveau Prométhée ?

Pour tenter de comprendre autant l'impact épistémologique des nombreuses métaphores linguistiques rendant compte du fonctionnement de la molécule d'ADN que certaines des conséquences sociales de possibles manipulations du « patrimoine génétique » de l'humain, on se limitera ici à confronter deux représentations que l'homme se fait de sa propre incomplétude et des moyens qu'il se donne pour la surmonter. Avec le récit du destin réservé à Prométhée après le don aux hommes des techniques de la civilisation, l'une de ces deux conceptions figurées provient de l'Antiquité grecque classique ; elle est centrée sur la culture athénienne favorisée par le développement de la cité. Avec l'institution du génome et de la nature chimique de l'être humain en code linguistique, l'autre relève de la postmodernité technologique et universalisante propre à la société occidentale et néo-libérale contemporaine. Dans les deux cas, il s'agit de représentations des procédés par lesquels l'homme se transforme lui-même, en interaction avec son environnement ; il comble ainsi socialement, par le travail de la technique et de la culture, ce qu'il ressent comme son inachèvement constitutif. Il s'agit de deux manières – l'une narrative, l'autre d'ordre métaphorique – de se représenter le processus très général de l'« anthropopoïésis » : fabrication (sociale et culturelle) de l'homme par lui-même, fabrication d'un être humain qui intervient sur sa « nature » pour se modeler en interaction avec ses congénères. L'homme tirerait ainsi profit de la plasticité de son organisme pour devenir un être de culture, pour le mieux et pour le pire.

L'anthropopoïésis donc comme catégorie opératoire et comme opérateur de comparaison entre deux configurations symboliques : la catégorie instrumentale, sur laquelle on va revenir incessamment, est requise par le « triangle comparatif » qu'exige toute opération de comparaison. Dans les tentatives récentes de réhabilitation des méthodes comparatives on tend à sous-estimer le troisième terme constitutif de toute entreprise de comparaison anthropologique : le regard critique que jette conjointement le comparant sur le *comparandum* et sur le *comparatum*. La construction des deux objets à comparer ne peut se réaliser que par le moyen d'opérateurs de comparaison ; s'il est défini de manière purement instrumentale, s'il est envisagé de manière relative, ce concept opératoire pourra légitimer le passage d'un domaine familier (comme *comparandum*) à un domaine étranger (comme *comparatum*), tout en assurant le caractère décentré et réflexif du regard du sujet comparant. À la fois contrastées et convergentes, les deux représentations figurées de l'homme et de sa culture confrontées ici permettent de poser deux questions : celle des principes épistémologiques qu'impliquent ces deux « anthropologies », grecque et contemporaine, et celle des limites sociales assignées à l'homme dans la fabrication de soi par soi-même. Le concept instrumental d'« anthropopoiésis », assorti d'une réflexion relevant de l'analyse des discours, devrait donner à cette double interrogation son aspect critique. De là l'allure de triptyque assumée par le présent essai : d'abord les arts prométhéens du déchiffrement des signes, puis la construction culturelle de l'homme par lui-même, avant d'aborder la sémiotique du génie génétique contemporain.

Du côté de la Grèce classique, la contribution des *tékhnai* constitue un aspect essentiel de la construction communautaire de l'homme civilisé par lui-même ; par conséquent les arts techniques sont une composante déterminante de l'image que l'on se fait de l'élaboration de la culture. Dans ses différentes versions, le récit héroïque de Prométhée offre en particulier une représentation de la manière dont les dieux peuvent accorder aux hommes différents arts pratiques pour leur permettre d'échapper à leur condition première de bêtes sauvages. Dans le cas des dons transmis par le héros titan, ces *tékhnai* portent essentiellement – comme on le verra – sur des savoirs sémiotiques qui font appel à une intelligence d'ordre herméneutique. Or, du point de vue spatial, la légende de Prométhée situe les conséquences de la transmission aux hommes de ces moyens techniques de la civilisation (grecque) littéralement dans une région de marge, sur une frontière. La position marginale assignée à Prométhée, rejeté et torturé aux confins de la terre habitée, est l'expression métaphorique de la *húbris*, de l'arrogance et la démesure auxquelles l'usage des techniques peut conduire l'homme civilisé ; ce danger du dépassement des limites, en général symboliques, imposées à l'homme mortel est figuré en particulier dans la punition que la légende inflige à Prométhée lui-même, le héros civilisateur des humains, par la volonté de Zeus.

Il y a donc une étrange correspondance entre cette conception hellène de l'advenir et des aléas de la civilisation des hommes et le concept anthropologique contemporain de l'anthropopoièsis. Notion opératoire issue de la conscience (post)-moderne des différents modes de construction sociale et culturelle de l'homme par lui-même, cette catégorie inclut toutes les procédures, techniques et symboliques, qui permettent à l'homme de modifier et d'améliorer sa « nature ». Parce que l'être humain vient au monde inachevé, il ne peut se passer des différents processus de modelage et de socialisation de son organisme et de son intellect par la culture. Mais parce qu'elle relève du symbolique et qu'elle est par conséquent aussi fragile que relative, mais aussi parce qu'elle est le résultat d'un travail de construction en constante interaction, la culture elle-même assigne à ce travail d'éducation sociale et de fabrication civilisée de l'homme certaines limites ; ces limites, il convient, du moins socialement, de ne point les dépasser. C'est dire qu'en devenant un homme civilisé, par l'éducation en interaction avec une tradition culturelle relative et par l'exercice de différentes pratiques à portée souvent symbolique, l'être humain est contraint de définir et de configurer ses capacités « naturelles » tout en les limitant. Si l'homme mortel est capable de combler son inachèvement constitutif par le travail collectif de la culture, si l'être humain a le pouvoir de se façonner lui-même dans et grâce à la collaboration avec ses voisins de communauté, il est aussi sous la menace constante d'enfreindre les limites qui lui sont assignées autant par sa mortalité que par un travail de construction sociale et culturelle toujours labile.

Axé sur l'usage des arts techniques et sur le franchissement possible des limites apparemment assignées dans cet usage à l'homme en tant qu'être incomplet et mortel, mais civilisé, le modèle grec classique illustré par le récit de Prométhée est dès lors particulièrement apte à faire apparaître, de manière contrastive et différentielle, les spécificités de l'un des paradigmes fondant la (post- ou hyper-) modernité occidentale. Dans la perspective opératoire et comparative ouverte par l'interrogation sur les procédures de l'anthropopoiésis, l'ensemble des représentations sous-tendant aussi bien les pratiques qui découlent du savoir tout récent sur le génome humain que les espoirs, sinon les fantasmes suscités par le génie génétique (et désormais la protéomique) appliqué à l'être humain fournit un excellent exemple de la construction sociale et symbolique d'un paradigme culturel, d'un paradigme de reformulation de l'humain. Ce que l'on mettra en question ici, essentiellement à la lecture de la version du récit du héros civilisateur que nous donne Eschyle dans le *Prométhée enchaîné*, ce sont moins les implications morales que les enjeux épistémologiques et anthropologiques de la description métaphorique du génome humain ; elle est subordonnée à des manipulations des gènes situées dans la perspective de transformations possibles de la constitution biochimique de l'être humain. Il s'agira donc de montrer certaines des implications épistémologiques et anthropologiques de l'usage de métaphores dans la représentation discursive de pratiques biotechnologiques qui visent à obtenir un effet permanent sur la

« nature » de l'homme. Or ces métaphores puissantes s'avèrent empruntées aux domaines de la linguistique et de la sémiotique ; ce sont précisément les savoirs fondant la plupart des *tékhnai* inventées par Prométhée au profit des hommes mortels. De même que les promesses civilisatrices faites aux êtres humains par un Prométhée maître en arts sémiotiques, de même les perspectives ouvertes par le travail technique de l'homme sur son propre génome, par l'analogie avec le fonctionnement d'un langage, méritent-elles d'être envisagées dans les termes d'une anthropopoïésis qui peut permettre d'en mesurer l'impact symbolique et social.

En effet, même si l'on est désormais bien loin des déclarations triomphalistes de Crick et Watson au moment de la présentation, il y a plus de cinquante ans, de la grosse molécule d'ADN en forme de double hélice, même si l'on est revenu des affirmations péremptoires de Clinton et de Blair, au tournant de ce siècle, quant au déchiffrement du génome humain et à ses promesses thérapeutiques, le débat suscité par le génie génétique est bien loin d'avoir trouvé sa conclusion. C'est ainsi que, récemment encore, *Le Monde* a pu clore son année éditoriale en publiant, en première page de son numéro du 31 décembre, un article d'analyse intitulé « 2004, l'année du clonage humain » ; et tout récemment encore, la série télévisuelle « Heroes » entretenait le phantasme des pouvoirs nouveaux dont l'être humain pourra disposer, notamment grâce à des mutations génétiques…

En dehors du débat politique et médical constamment entretenu par la mise sur le marché par les entreprises multinationales de l'agro-alimentaire d'organismes génétiquement modifiés (avec les conséquences écologiques et économiques délétères qu'entraîne, pour les petits paysans des pays les plus défavorisés, cet exercice d'un monopole agro-biochimique), l'utilisation thérapeutique de cellules-souches a reposé avec virulence la question du clonage humain avec ses implications éthiques et politiques. Si un consensus semble s'être désormais formé qui interdit le clonage reproductif d'un être humain, il en va tout autrement de la procédure de production d'un embryon offrant des cellules pluripotentes par le transfert du noyau d'une cellule dans un ovule. Créé dans un but d'utilisation thérapeutique des seules cellules pluripotentes pour régénérer les organes défaillants d'un malade, cet embryon doit-il être considéré comme une « personne humaine potentielle » ou comme une simple « potentialité de personne humaine » ? Porté par George Bush lui-même devant le Sénat américain en 2007, le débat n'est d'ailleurs pas seulement d'ordre éthique : à quel stade de développement de l'embryon peut-on parler de personne humaine ? Il n'est pas uniquement d'ordre religieux : n'est-il pas criminel d'instrumentaliser puis de supprimer la vie que Dieu a créée ? Il n'est pas uniquement politique : l'État peut-il soutenir financièrement la recherche sur les maladies dégénératives par la production et l'utilisation de cellules-souches avec leur matériel génétique ? Il est aussi d'ordre anthropologique et épistémologique : quel est le modèle d'anthropopoiésis sous-jacent à de telles manipulations génétiques ?

Ainsi, la conception prométhéenne des techniques civilisatrices données à l'homme nous invite à jeter un regard nouveau, critique puis inventif, sur un processus très technique de fabrication de l'humain ; par analogie, l'attention se focalisera sur les métaphores par lesquelles les biotechnologies rendent compte des processus découverts et des pratiques qu'ils permettent. On verra que, doublée du regard du linguiste, la perspective de l'anthropologue helléniste requiert en définitive, et paradoxalement, de prendre les métaphores du code, de la carte, du livre, du déchiffrement et de la lecture dans toute l'étendue de leur signification. Car, de même que les techniques offertes aux humains par Prométhée, ces images renvoient à des procédures d'ordre interprétatif, à des procédures herméneutiques qui prennent en compte l'ambiguïté et la polyphonie propres aux processus de signification ; elles se réfèrent à des procédures qui rompent avec le paradigme du déterminisme scientiste sous-jacent à l'idée de code ; elles invitent à tenir compte, dans l'explication interprétative, de la combinaison de plusieurs paramètres, dans une conjoncture où la plasticité implique aussi une part d'aléatoire. Parmi ces paramètres, le hasard joue sans doute, en correspondance avec la notion grecque de *túkhe*, un rôle important ; aussi vrai que l'aléatoire est inhérent à la notion même de plasticité, impliquée notamment par les dernières hypothèses des neurosciences.

Mais une connaissance expérimentale et compréhensive des autres paramètres intervenant dans les processus génétiques, entre l'inné et l'acquis, assure en contrepartie aux biotechniciens un certain degré de prévisibilité. Au modèle déterministe on substituera donc moins celui de l'*unpredictable determinacy*, de la « détermination imprévisible » désormais revendiqué par les plus avancés des biologistes que celui d'un déterminisme conjectural, qui relève d'une herméneutique offrant un vaste champ d'investigation pour les sciences humaines, en dialogue avec les sciences de la vie. Encore faudra-t-il se demander si l'indétermination est l'effet de l'imperfection de nos connaissances ou si elle est inscrite dans les choses mêmes !

1. Les *tékhnai* de Prométhée
et la condition humaine

*E*COUTONS, en guise de prélude, la voix d'un rhapsode homérique. Par un hymne adressé à une divinité du panthéon hellène, il introduit un concours de récitation de chants épiques tels que l'*Iliade* ou l'*Odyssée* :

> Muse harmonieuse, chante l'illustre intelligence d'Héphaïstos
> qui, avec Athéna aux yeux pers, apprit les nobles travaux
> [aux hommes de la terre
> tandis qu'auparavant ils habitaient des antres des montagnes,
> comme des bêtes sauvages. Maintenant au contraire,
> instruits au travail grâce à Héphaïstos, l'illustre artisan,
> ils mènent une vie tranquille tout au long de l'année, dans des
> [maisons qui sont leur œuvre.
> Ah ! Sois-nous propice, Héphaïstos ! Donne-nous talent
> [et richesse[1].

---

1. *Hymne homérique* 20 (traduction Jean Humbert).

1.1. *Proème hymnique pour un prélude prosaïque*

Consacré il y a plus de deux mille six cents ans au dieu grec Héphaïstos, le bref poème hymnique que l'on vient de traduire offre, à l'égard de la perspective développée dans le présent essai, pas moins de six aspects pertinents :

– On mentionnera tout d'abord les « épiclèses », c'est-à-dire les qualifications cultuelles par lesquelles le dieu est évoqué dans la première partie de la composition hymnique (*evocatio*). Héphaïstos est « renommé pour son habileté » (*klutómetis*, vers 1) et « célèbre pour sa technique » (*klutotékhnes*, vers 5). Sa réputation définit donc le champ d'intervention du dieu : les techniques animées par l'intelligence artisane.

– Dans ce champ d'exercice des arts appliqués, Héphaïstos bénéficie de la collaboration d'Athéna comme le rappelle le début de la seconde partie du poème, l'*epica laus*, introduite par l'habituel « pronom relatif hymnique ». Rappelons que la légende veut qu'Athéna soit née de la tête de son père Zeus après que celui-ci eut englouti sa première épouse, Mètis. Cette figure divine est elle-même l'incarnation de l'intelligence technique et pratique[1].

– Conduisant à la fabrication d'objets artisanaux, les arts enseignés aux hommes mortels par les dieux Héphaïstos et Athéna incluent savoir technique et habileté pratique ; ces arts techniques sont transmis aux humains par voie et voix divines, de la même manière qu'au début de la *Théogonie*,

---

1. Detienne & Vernant, 1974, p. 167-258. Pour la structure tripartite des *Hymnes homériques* (*evocatio – epica laus – preces*), voir les indications fournies dans Calame, 1995, p. 5-17 (= 2005, p. 49-67).

par exemple, les Muses enseignent au poète Hésiode son « beau chant »[1].

– Les capacités techniques communiquées par les dieux Héphaïstos et Athéna ont permis aux humains d'opérer une métamorphose : d'animaux sauvages, vivant dans des grottes, ils sont devenus des êtres apaisés et par conséquent civilisés (*eúkelos*, vers 7) ; selon l'étymologie « populaire » proposée par les Grecs eux-mêmes, ce qualificatif proviendrait du verbe *keléō*, qui signifie « charmer », « apprivoiser », « cultiver ». Sur l'homme, l'effet indiqué est analogue à celui provoqué précisément par les arts des Muses qui savent enchanter les mortels tout en les civilisant ! Rappelons que selon Aristote, l'art de la poésie est envisagé dans la *Technique poétique* comme une fabrication reposant sur une disposition innée à la représentation (*mímesis*) et au plaisir que suscitent les « imitations » (*mimémata*)[2].

– Du point de vue des formes énonciatives assumées par le texte de l'*Hymne* attribué à Homère, cette métamorphose signifie une transition du passé coïncidant avec le moment où les hommes étaient encore des bêtes vers le présent de l'énonciation du poème. C'est dire que du passé révolu où les hommes vivaient comme des animaux, on s'achemine vers le moment de la « performance » même du poème en diction épique (*nûn dé*, vers 5) : par les pratiques (*érga*, vers 5)

1. Hésiode, *Théogonie* 22-23. Dès l'époque archaïque, l'activité du poète, inspirée par la Muse, émarge au champ de l'artisanat ; voir les nombreuses références que j'ai données à ce sujet en 2000, p. 38-42. Reposant sur la même racine que le verbe *didásko* utilisé dans le passage cité d'Hésiode, la forme *daeís* implique aussi une habileté pratique.

2. Aristote, *Poétique* 1448b 4-8 ; sur le charme exercé par les objets d'artisanat que sont les compositions poétiques, voir par exemple Ford, 2002, p. 93-146.

que les dieux leur ont enseignées, les humains sont désormais des hommes civilisés, dans le *hic et nunc* de la communication de la composition homérique.

– Quant au repérage spatio-temporel de l'énonciation, l'« ici » correspond à l'endroit où le chant est exécuté, mais aussi à l'ensemble de la terre habitée (*epì khthonós*, vers 3) ; l'espace de diffusion du poème prend ainsi une extension quasi universelle. De même en va-t-il du « maintenant » qui coïncide avec le moment du chant du poème, mais également avec l'année enfermée dans son cycle (*eis eniautón*, vers 6).

Par ce retour au lieu et au présent de l'énonciation, on parvient à l'adresse directe au dieu sur laquelle s'achèvent tout *Hymne homérique* et plus généralement toute composition hymnique grecque. Selon la tradition des poèmes cultuels débouchant régulièrement sur une prière (*preces*), le dieu Héphaïstos est invité à accorder aux hommes mortels, qui désormais possèdent les arts pratiques, bonheur et bien-être !

Proème à une récitation de poèmes homériques, ce court chant hymnique est donc présenté en guise de prélude à quelques réflexions sur ce que je nommerai pour l'instant, avec d'autres, « l'incomplétude » de l'être humain ; il en va également des moyens techniques et civilisateurs que l'homme se donne pour combler leur handicap initial. Quelle qu'en soit la nature, il s'agit apparemment d'un inachèvement fondamental, inné, peut-être inscrit dans la structure biologique de l'organisme même de l'être humain. Mais cette incomplétude semble avoir pour contrepartie une extraordinaire plasticité, notamment dans les capacités neuronales offertes par un organisme qui demande à être modelé. Par ces capacités organiques, l'être humain tenterait régulièrement de dépasser son inachèvement constitutif ; il tenterait d'en combler le déficit, en collaboration avec ses congénères, par le recours à différents moyens pratiques et symboliques qu'il développe en communauté. Ces moyens relèvent par excellence des processus que, dans la perspective d'une anthropologie sociale et culturelle renouvelée, on peut saisir par le concept opératoire et comparatif de l'« anthropopoïésis » : processus de la fabrication de l'homme par l'homme en interaction avec son environnement naturel et social ; processus à l'œuvre dans toute communauté humaine, pour assurer la survie ou la destruction de l'homme par la culture ; processus englobant jusqu'aux pratiques du génie génétique, avec l'idéologie implicite qui les fondent. On va y revenir dans le chapitre de transition comparative[1].

1.2. *Le Prométhée d'Hésiode et le feu alimentaire*

Avec la figure de Prométhée en tant que héros culturel, les Grecs et singulièrement les Athéniens de l'époque classique se sont donc donné une représentation de la civilisation des hommes et de son paradoxal advenir.

En raison du caractère fondateur attribué à la *Théogonie* d'Hésiode, c'est évidemment sur l'épisode du vol du feu de Zeus que s'est focalisée la réflexion sur la contribution du Titan à la civilisation des hommes. En tant que fils de Japet et de la Nymphe Clyméné, Prométhée reçoit dans le poème d'Hésiode non pas un seul, mais trois frères : Atlas que ses pensées de violence assignent par la volonté de Zeus aux confins de la terre habitée où il soutiendra la voûte du ciel ; Ménoitios que son orgueil et sa démesure condamnent à être détruit par la foudre du même Zeus ; finalement, Épiméthée

1. Références à propos de l'« anthropopoïésis » *infra* page 88, note 1.

dont l'égarement fit le malheur des hommes « mangeurs de blé » par l'introduction de la jeune Pandôra, façonnée par Héphaïstos selon la volonté de Zeus. Prométhée quant à lui se distingue par sa versatilité et par la subtilité de son intelligence. Il n'en subit pas moins un sort analogue à ses deux frères aînés. Enchaîné à une colonne, le fils du Titan endure chaque jour la voracité de l'aigle de Zeus avant d'être libéré par Héraclès : en accord avec le sens étymologique que l'on peut prêter au nom d'Héraclès, « gloire d'Héra », le futur maître de l'Olympe voulait assurer sur toute la terre nourricière la gloire (*kléos*) de son propre fils. En dépit de cette réhabilitation, Prométhée restera pour toujours le héros frappé par la colère de Zeus et subissant, malgré son savoir et ses bienfaits civilisateurs, les entraves de la nécessité[1].

On connaît donc l'histoire racontée par Hésiode pour expliquer la fureur que le Titan éveille dans le cœur du jeune dieu : ruse de Prométhée qui, à l'occasion d'un premier conflit discriminant entre les hommes et les dieux, réserve à ces derniers les parts les moins nobles de l'animal offert (dans un geste sacrificiel qui n'est pas encore désigné en tant que tel) ; colère de Zeus qui prive les hommes mortels du feu de la foudre ; vol du feu par Prométhée qui en restitue la flamme aux humains ; fabrication artisane de ce « beau mal » qu'est Pandôra, une jeune fille pudique parée de tous les atours de la séduction pour devenir la première compagne de l'homme. Si le récit de la *Théogonie* rend compte de manière étiologique de la division (asymétrique) des humains en deux « *genders* » par l'institution implicite du mariage, la version du même récit présenté dans l'introduction aux *Travaux et les Jours* est

1. Hésiode, *Théogonie* 507-534 et 613-617 ; sur le nom de *Hera-klées*, cf. Nagy, 1979, p. 302-303 et 318-320.

orientée vers l'institution pour les mortels du travail productif : tenus à l'écart de l'âge d'or connu par les dieux, les humains sont désormais en proie à la maladie et à la mortalité ; ils sont désormais contraints de produire les ressources nécessaires à leur survie.

> C'est que les dieux ont caché ce qui fait vivre les hommes ;
> sinon, sans effort, tu travaillerais un jour,
> pour récolter de quoi vivre toute une année sans rien faire ;
> vite, au-dessus de la fumée, tu pendrais le gouvernail,
> et c'en serait fini du travail des bœufs et des mules patientes.
> Mais Zeus a caché la vie, le jour où, l'âme en courroux,
> il se vit duper par Prométhée aux pensées fourbes.

C'est ainsi que Prométhée deviendra, aux yeux des lecteurs modernes d'Hésiode, le héros d'un feu alimentaire impliquant pour les mortels le travail agricole. On assisterait de cette manière à l'émergence, sous l'égide de Déméter, d'une forme de travail qui n'est pas encore comprise comme fonction technique, ni comme métier ; l'agriculture semble précéder les pratiques artisanes qui, dans l'Athènes classique, associent à Prométhée Athéna et Héphaïstos[1].

---

1. Hésiode, *Théogonie* 535-612, à comparer avec les *Travaux* 42-105 (42-48 pour la traduction, légèrement retouchée, de Paul Mazon) ; voir notamment Vernant, 1966, p. 185-189 et 199-202, qui montre bien que « le travail (agricole) apparaît comme la conséquence du conflit de Zeus et de Prométhée » (p. 186, dans une étude intitulée « Prométhée et la fonction technique »). Contrairement à ce que propose Vernant, 1974, p. 177-194, dans une seconde étape de sa réflexion sur les enjeux du « mythe prométhéen », les deux versions données par Hésiode à l'occasion d'usages poétiques différents ne sont donc pas superposables ; cf. Calame, 2005, p. 95-100, avec l'abondante bibliographie provoquée par l'interprétation du récit de la création de Pandôra.

Quoi qu'il en soit d'un sacrifice premier qui ne dit pas son nom ou d'un travail agricole qui n'est pas saisi comme *tékhne*, être privé du feu de Zeus signifie, pour les humains, être tenu à l'écart de l'âge d'or vécu par les dieux. Tout en consacrant leur mortalité, cette privation met les hommes en demeure de produire eux-mêmes les ressources permettant d'assurer un *bíos*, une vie qui est désormais saisie dans sa finitude. Le double récit hésiodique semble donc dire l'institution de l'incomplétude fondamentale de l'homme dans son mode de vie même. Que ce soit par la communication sacrificielle avec les dieux de l'Olympe ou par la récupération du feu de Zeus, les moyens accordés par le fils de Japet aux hommes sont destinés à la gestion de la vie, désormais aléatoire et éphémère, du mortel.

Obtenus et transmis par les détours de la ruse, indices du dépassement des limites de l'ordre voulu par Zeus, les moyens de la survie sont marqués du sceau de cette forme d'intelligence que d'emblée possède et déploie le héros Titan dans sa lutte contre le nouveau maître de l'Olympe – l'intelligence artisane qui a pour nom *mêtis*. On connaît l'histoire, racontée dès la *Théogonie* d'Hésiode : fille de Thétys et d'Océan, Mètis – la déesse que son nom désigne comme l'incarnation du savoir-faire – est la première épouse de Zeus ; enceinte d'Athéna, Mètis est avalée par le roi des dieux ; averti par ses grands-parents Ciel et Terre, Zeus est animé par la crainte de se voir un jour détrôné, à l'instar de Cronos, par des descendants aussi intelligents et rusés que lui ; c'est alors qu'Athéna surgit toute armée de la tête même de son père[1]. En incorporant dans l'organisme même du souverain des dieux et des

---

1. Hésiode, *Théogonie* 358 et 886-898 ; cf. Detienne & Vernant, 1974, p. 70-75 et 104-124, qui montrent en particulier les homologies tracées par le récit d'Hésiode entre Cronos, qui dévore ses propres enfants par crainte

hommes la capacité de sage prévision de son épouse Mètis et en attribuant à sa fille Athéna, désormais la protectrice des artisans, les qualités d'ingéniosité et de raison appliquée de l'Océanide, la théologie narrative grecque consacre la reconnaissance d'une intelligence pratique, fondée sur les tours de main. Cette forme d'intelligence rusée est celle qui anime les différentes activités manuelles et productrices d'un homme mortel condamné à subvenir par ses propres moyens à sa survie en société.

Prométhée n'a d'ailleurs pas l'apanage de l'attribution aux hommes des moyens techniques de la civilisation des mortels ; dans ce contexte, il conviendrait de citer également des héros tels Palamède, Dédale (on y reviendra en conclusion à propos de l'artefact génétique), voire Ulysse. Mais au cœur du développement de la civilisation athénienne classique, Prométhée est le héros culturel qui a retenu l'attention d'Eschyle ou celle d'un contemporain ; quelle que soit son identité, l'auteur tragique a consacré au Titan une trilogie entière. Dans un passage célèbre, le héros se vante devant le groupe choral formé par les filles d'Océan des biens nombreux qu'il a accordés aux hommes mortels[1]. Parmi ces bienfaits civilisateurs figurent des *tékhnai* qui non seulement sont désignées en tant que telles, mais dont les potentialités sémiotiques vont bien au-delà de simples savoir-faire. Ces arts techniques prométhéens nous conduisent à interroger les principes

d'être détrôné, et son fils Zeus, qui procède de la même manière en retournant contre sa propre épouse Mètis l'intelligence rusée qu'elle incarne.

1. Eschyle, *Prométhée enchaîné* 436-506. L'authenticité de la tragédie a souvent été mise en question : cf. Griffith, 1983, p. 31-35, Saïd, 1985, p. 9-80, et encore récemment Bees, 1993, p. 242-253 (avec une bibliographie exhaustive à propos de cette controverse).

épistémologiques impliqués par certaines des représentations que donnent d'elles-mêmes les sciences du vivant, et singulièrement les biotechnologies génétiques.

1.3. *Eschyle : Artifices et expédients pour créer la civilisation des hommes*

De même que dans l'*Hymne homérique* adressé à Héphaïstos, de même que dans le double récit hésiodique, l'intervention de la civilisation au profit du genre humain est saisie par le Prométhée que met en scène Eschyle comme un processus d'ordre historique.

> Au début, [les hommes] voyaient, mais leur vue était vide ;
> percevant des sons, ils n'entendaient pas :
> pareils aux silhouettes des rêves, tant que durait leur vie,
> ils brassaient tout au hasard, et ne connaissaient
> ni la texture des briques des maisons tournées vers la lumière,
> [ni le travail du bois.
> Fouisseurs, ils habitaient, comme des fourmis,
> simples atomes de souffle, au fond de grottes sans soleil.
> Ils n'avaient pas de signe sûr pour identifier l'hiver,
> ni le printemps et ses odeurs de fleur, ni le temps des moissons :
> en tout, ils agissaient sans discernement,
> jusqu'au jour où je leur ai montré le lever des astres
> et les repères, si difficiles à saisir, de leurs couchers.

Dans une première phase – se vante donc le héros appartenant à la génération des fils de Titans – les mortels vivaient non pas comme des bêtes sauvages, mais comme des fourmis. Ils passaient leur vie souterraine dans des grottes où ils végétaient comme des formes fantomatiques : des « figures de rêve », à l'instar des pauvres âmes qu'Ulysse rencontre dans l'Hadès, à l'occasion de sa descente aux Enfers[1]. Pour les hommes, cette obscurité implique qu'ils ne peuvent faire usage ni de la vue, ni de l'ouïe. Mais incapacité sensorielle signifie aussi impossibilité de déchiffrement et d'interprétation : qui ne voit ni n'entend est incapable de percevoir les mouvements des astres ; il est dans l'incapacité de les interpréter comme des indicateurs par exemple pour les travaux des champs. Pour l'homme, exercer ses sens signifie aussi donner du sens. C'est pourquoi le Prométhée d'Eschyle se vante d'apporter aux hommes deux types de savoirs. Il y a d'une part les artifices que sont les *sophísmata* (vers 459 et 470). Ces inventions requièrent adresse et ingéniosité ; elles appartiennent à l'art sémiotique susceptible de développer l'entendement (*gnóme*) d'hommes mortels à l'origine aveugles et sourds. Parmi ces savoirs relevant de l'artifice ingénieux, on trouve la lecture des signes célestes qui permettent navigation et agriculture ; y figure aussi l'écriture conçue comme « artisane mère des Muses » (*mousométor'ergáne*, vers 461) et artifice de la mémoire en tant que substitut matériel à une tradition poétique essentiellement orale[2]. Mais il faut encore compter avec les expédients inventifs que sont les *mekhanémata* (vers 469) : ils

1. Eschyle, *Prométhée enchaîné* 447-458 (traduction de Myrto Gondicas et de Pierre Judet de La Combe) ; Homère, *Odyssée* 10, 495 et 11, 539-635 ; pour cette conception grecque de la vie des âmes dans l'Hadès, voir Sourvinou-Inwood, 1995, p. 56-94.
2. Cette représentation de l'écriture comme expédient artisanal a été développée par Platon dans le *Phèdre* (274c-275b) par l'intermédiaire du récit de Toth : cf. Vegetti, 1988, ainsi que les indications que j'ai données dans l'étude de 1993. Saïd, 1985, p. 131-186, a bien montré l'ambivalence des techniques prométhéennes et leurs relations avec les savoirs dispensés par les sophistes. Pour une analyse sémantique des différents emplois de *tékhne* chez Eschyle, voir Löbl, 1997, p. 73-80 et 204-212.

fournissent aux mortels les moyens techniques, par les rênes ou la voile, de l'art de la navigation ou de l'art équestre. La production agricole et le commerce sont donc désormais subordonnés à des *tékhnai* qui font appel non seulement à la fabrication d'expédients artisanaux, mais aussi à un véritable art de l'interprétation.

Tous ces produits de l'invention de Prométhée dépendent de l'intelligence artisane, de la *mêtis* qu'implique dans le texte même l'usage de la forme verbale *emesámen* (vers 477). Ils correspondent à des savoirs techniques (*tékhnai*) et à des voies pratiques (*póroi*) permettant aux hommes mortels d'échapper aux apories du non-civilisé. Dès le début de la tragédie, quand il prend à témoin les différents éléments du cosmos de la peine qui lui est infligée, Prométhée joue sur la signification de son propre nom pour décrire son destin et en assumer le cours inflexible. De la contrainte qu'il subit, il connaît la raison : elle n'est que la conséquence de la haine qu'a suscitée auprès des dieux le don du feu, par l'amour excessif que le Titan porte aux mortels. Pour les hommes, le feu s'est non seulement révélé le maître de toutes les techniques (*didáskalos tékhnes páses*), mais aussi un remarquable expédient, un puissant moyen pour une action finalisée (*mégas póros*). Le terme *póros* est donc bien à comprendre ici non pas dans un sens philosophique de « vecteur de connexion », mais dans son sens littéral de « passage », de « passe » et par conséquent de moyen pour sortir d'une situation à laquelle il n'y a apparemment aucune issue[1]. Le feu c'est, dans la définition qu'en

---

1. Eschyle, *Prométhée enchaîné* 88-113. Sur le sens de *póros* voir le commentaire de Griffith, 1983, p. 172, ainsi que Detienne & Vernant, 1974, p. 140-164 et 209-210, en contraste avec Klimis, 2003, p. 98-100, influencée par la lecture idéalisante de ce passage proposée par Castoriadis, 1999, p. 17-24.

donne le Prométhée d'Eschyle, le moyen grâce auquel les hommes éphémères « apprendront de nombreux arts techniques » (vers 254).

À ces techniques prométhéennes s'ajoutent, probablement saisis eux aussi en tant que *mekhanémata*, les remèdes (*pharmaká*) susceptibles, par un juste mélange de plusieurs substances, de guérir les malades ; ou les différents arts divinatoires qui, en tant que *sophísmata*, permettent d'éclairer et d'interpréter des signes (*sémata*, vers 498) obscurs.

> J'ai expliqué les viscères et leur brillance,
> quelle couleur la bile doit leur donner pour le plaisir des dieux,
> et les formes nombreuses de la beauté du foie.
> En cachant dans la graisse les membres et toute l'échine
> [des bêtes,
> en les passant au feu, j'ai guidé les hommes
> sur le chemin d'un art d'abord privé de repères.
> Et aux signes qui brillent dans les flammes, j'ai rendu leur
> [regard[1].

Avec une seule allusion au geste du sacrifice sanglant, les rapports des humains avec les animaux ne sont pris en considération par le Prométhée d'Eschyle que dans la mesure où ils rendent plus faciles et plus transparentes les relations des hommes avec les dieux, dans l'interprétation de leur volonté. Il s'agit aussi de comprendre le temps imprévisible de la mortalité, avec un passé et un avenir dont on tente désormais de prévoir, sinon de maîtriser les aléas.

L'enjeu pour les hommes n'est pas la question de la relation et du liage (dont Prométhée est la victime), mais celle de savoir distinguer et dénouer (les contraintes imposées par les dieux et par la condition de mortel).

1. Eschyle, *Prométhée enchaîné* 493-499 (traduction de Myrto Gondicas et de Pierre Judet de La Combe).

À cet égard, la forme d'intelligence mise en œuvre par Prométhée aussi bien dans l'élaboration que dans la transmission des systèmes interprétatifs relève de l'organisation et de la distinction ; elle attache la civilisation des hommes à la reconnaissance de traits distinctifs en général organisés en séquences. À nouveau, le vocabulaire employé par Eschyle pour désigner ces arts herméneutiques est loin d'être indifférent. C'est ainsi que le héros civilisateur des mortels se vante d'avoir « ordonné » (*eštoíkhisa*, vers 486) les différentes tournures de l'art divinatoire, notamment dans l'identification (*ékrina*, vers 485) prémonitoire des rêves, d'avoir fait reconnaître (*egnórisa*, vers 487) les sons qu'il est difficile de distinguer, et d'avoir délimité (*diórisa*, vers 489) la signification favorable ou défavorable du vol et des mouvements des oiseaux. C'est aussi dans cet art de l'identification et de la lecture des indices difficiles à distinguer (*duštékmartos tékhne*, vers 497) que s'inscrit l'interprétation de la disposition des viscères et des présages à lire dans la fumée s'élevant vers les dieux à l'occasion des pratiques culinaires du sacrifice sanglant.

Au terme de la longue déclaration de Prométhée, la structure annulaire qui englobe ces différents arts techniques dans la catégorie des *tékhnai* (vers 477 et 506 ; voir aussi vers 497) les adresse à l'ensemble du genre humain (*ánthropoi* au vers 501) ; il en va de même au début de l'*Hymne homérique à Héphaïstos* (vers 3) proposé en guise de prélude ! Dans la perspective productiviste qui traverse le récit tragique, de même que celui des *Travaux* d'Hésiode, ces différents savoir-faire interprétatifs et pratiques sont finalement présentés comme des sources de profit (*ophelémata*, vers 501) ; et ces avantages d'ordre sémiotique sont destinés à tous les hommes, dans une universalité qui, à vrai dire, a pour point de référence et comme modèle implicites la culture grecque classique…

1.4. *Situations tragiques et marginales*

La contribution de Prométhée à la fabrication et à la civilisation de l'homme consiste donc en différentes techniques
qui facilitent la communication des mortels avec les dieux,
tout en leur donnant les moyens d'une certaine autonomie
matérielle, mais en les soumettant aussi aux aléas de l'interprétation. Pourquoi donc Zeus aurait-il dû prendre ombrage
de ces dons du Titan aux humains ?

Qui se considère comme sensible à la dimension énonciative de tout texte envisagé en tant que discours ne saurait
mettre entre parenthèses le contexte de la longue tirade qu'Eschyle a mise dans la bouche de Prométhée. À cet égard, plusieurs phénomènes relevant de l'action jouée sur scène, et
donc de l'ordre interne au discours, sont à mentionner. Tout
d'abord au *nunc* (intra-discursif) de l'éloge par Prométhée
des dons dont il a gratifié les hommes correspond un *hic*
dramatique précis. Au moment où il récite sa tirade, le héros
se trouve aux confins de la terre habitée, sur l'une des frontières du monde connu par les Grecs. Il a été conduit en
cette région liminale de la lointaine Scythie par Force et par
Violence ; Kratos et Bia contraignent le Titan à séjourner
dans « un désert sans mortel » (vers 2). Dans la mise en scène
imaginée par Eschyle, Prométhée s'exprime donc à propos
des *tékhnai* dans une région qui est, de fait, totalement privée de civilisation[1].

---

1. Eschyle, *Prométhée enchaîné* 1-22 et 28-30. Kratos et Bia sont les puissances de la nouvelle souveraineté exercée par Zeus : cf. Griffith, 1983, p. 80-
81. Quant à la position marginale de la Scythie en particulier dans la
représentation du monde habité donnée par Hérodote, voir Hartog, 2001,

Par ailleurs, dans la suite de la tragédie, le Titan va être confronté à cette autre victime du pouvoir discrétionnaire de Zeus qu'est la jeune Iô, poursuivie par le taon suscité par le dieu enflammé de désir. À la narration que fait la jeune fille d'Argos de son itinéraire jusqu'aux confins septentrionaux où Prométhée se trouve enchaîné, le héros ajoute, sous forme de prédiction, le récit de la suite des tribulations de la jeune fille poursuivie par Zeus ; du nord de l'Europe vers l'Asie, ses errances trouveront leur terme sur le territoire méridional de l'Égypte, dans le delta du Nil. Sur cette terre au statut ambivalent en tant que territoire civilisé situé non loin d'une autre extrémité du monde habité, Iô sera apaisée et fécondée par le simple toucher de Zeus ; elle pourra mettre au monde un fils, l'ancêtre des Danaïdes qui refonderont le pouvoir royal à Argos[1].

Si donc le héros culturel Prométhée est projeté spatialement aux marges septentrionales du monde habité, l'héroïne épouse de Zeus fonde une famille au destin civilisateur sur la terre même qui, à la périphérie méridionale de l'*oikouméne*, passait aux yeux d'un Hérodote pour être le berceau de la civilisation des hommes, dans leurs relations avec les dieux. Ce que Prométhée, le héros masculin, réalisera, dans sa réconciliation finale avec Zeus, sur une limite géographique du monde habité, Iô va l'accomplir par des modes féminins en un espace éloigné

p. 69-97. Klimis, 2003, p. 131, montre le paradoxe d'une action dramatique, focalisée sur un héros civilisateur immobilisé à l'extrême périphérie du monde civilisé (Prométhée comme « centre décentré »).

1. Eschyle, *Prométhée enchaîné* 640-876. L'itinéraire d'Iô est fait d'une confrontation avec différents peuples niant les valeurs grecques de la civilisation jusqu'à ce que l'héroïne les adopte elle-même dans son mariage métaphorique avec Zeus, le maître divin de l'ordre du monde civilisé (cf. Calame, 2000, p. 124-127).

et exotique, mais qu'historiquement les Grecs situaient à l'origine de leur propre culture. Enfin, de manière tout aussi paradoxale, Prométhée est fixé au rocher de ses peines par Héphaïstos, le dieu même de la *tékhne* et par conséquent du savoir pratique et artisanal. Par la volonté de Zeus, Héphaïstos est lui-même contraint de se soumettre à l'action violente (*bíai*, vers 15 ; voir le vers 12) ; obéissant à Zeus alors qu'il serait quant à ses fonctions plus proche de Prométhée, le dieu des artisanats est conduit à dénigrer, de manière contradictoire, son propre travail manuel d'artisan (*kheironexía*, vers 45).

Dans ce même prologue de tragédie, on apprend également qu'en se montrant un *philánthropos*, (vers 11 et 27), un « ami des humains », Prométhée a précisément dépassé les limites de la justice (*díke*, vers 30). Dans la mesure où il a accordé aux mortels des honneurs et par conséquent des attributions (*timaí*) d'origine divine, il n'a pas respecté le pouvoir souverain, la « tyrannie » (*turannís*, vers 10) du roi des dieux. C'est pourquoi il a suscité la colère de Zeus en particulier et des dieux en général. Ainsi Prométhée, à nouveau de manière paradoxale, se révèle être un *hubrístes*, un être qui a franchi les limites assignées par les dieux en particulier à l'homme mortel[1]. Au moment où le héros est enchaîné au rocher, aux confins de la lointaine Scythie, Kratos peut lui adresser les mots suivants :

> Maintenant fais ici l'arrogant (*húbrize*) et dépouille les dieux de leurs privilèges pour les donner aux éphémères mortels.

1. Sur le concept de *húbris* comme franchissement indu des limites assignées à l'homme, notamment chez Eschyle, voir en particulier Lloyd-Jones, 1971, p. 28-54 et 85-99 ; pour les rapports avec la *díke*, voir l'analyse sémantique du terme offerte par Demont, 2006.

Quelle réponse les mortels seront-ils capables de donner à
[tes peines ?[1]

Face aux dieux et à leur pouvoir, la condition humaine
se définit non seulement par les aléas liés à la mortalité,
mais aussi par une incapacité constitutive à donner une
réponse appropriée à la décision divine : figure anthropopoiétique sinon de l'inachèvement, du moins de la fragilité
de l'homme.

Un peu plus avant dans le drame, quand il est désormais
affronté au groupe choral formé par les filles du fleuve Océan,
le héros enchaîné tente de donner une réponse à la question
de la cause (*aitíama*, vers 194) de la punition imposée par
Zeus. Prométhée mentionne alors le vaste conflit qui, à la
génération de Zeus, oppose la génération des Titans, fils
d'Ouranos et de Khthôn, de Ciel et de Terre. En tant que fils
de Gaia qui est aussi Thémis, Prométhée appartient lui-même
à cette génération plus ancienne que celle du maître de
l'Olympe. En suivant le conseil de sa mère Thémis (qui par
son nom établit le droit coutumier), Prométhée avait tenté
d'intervenir en recourant non pas à la force et à la violence
(*bía*, vers 208 ; cf. vers 213), mais à la ruse. Par ce moyen, il a
aidé Zeus, le roi des dieux (*ho tôn theôn túrannos*, vers 222),
à vaincre les Titans, ses proches ; en conséquence, le héros
tragique présente l'appui astucieux concédé naguère au souverain de l'Olympe comme plein d'utilité (*opheleménos*, vers
222). Parce qu'elle repose elle aussi sur l'habileté artisane, la
ruse est également considérée comme quelque chose d'utile.
C'est ainsi que Prométhée a pu « libérer » les humains qui

---

1. Eschyle, *Prométhée enchaîné* 82-84 ; la signification du verbe *hubrízein*
est explicitée par Griffith, 1983, p. 98-99.

n'avaient reçu aucun don de la part de Zeus. Avec le feu en particulier, le héros s'avère avoir accordé aux hommes une aide d'une grande utilité (*még'ophélema*, vers 251 ; un terme répété aux vers 501, 507 et 613). Utilité en quelque sorte sociale réalisée de manière universelle dans l'usage par l'ensemble des hommes : la question va se reposer pour les applications technologiques de l'art prométhéen que semble être le génie génétique.

Mais telle a aussi été la faute de Prométhée, une faute que le héros assume entièrement : « C'est volontairement, oui volontairement que j'ai failli ; je ne le nie pas » (vers 266).

Comme c'est fréquemment le cas dans la tragédie grecque, la leçon provisoire de l'histoire est formulée par le chœur ; formé des filles du fleuve Océan qui entoure la terre habitée, le groupe choral trouve sa place naturelle aux confins septentrionaux où Prométhée vient d'être enchaîné. Juste avant la longue tirade au cours de laquelle Prométhée énumère tous les savoirs techniques et les bienfaits qu'il a accordés à l'homme, les choreutes commencent par dénoncer le pouvoir violent de Zeus. Par son arrogance (*huperéphanos*, vers 404) à l'égard de Prométhée désormais enchaîné, le dieu a (lui aussi) dépassé les limites ! Par ailleurs, à l'issue de la longue tirade de Prométhée, les mêmes choreutes reconnaissent en revanche que le Titan a méprisé la puissance de Zeus. Les Océanides estiment qu'en contrepartie le héros a démontré à l'égard des mortels trop de respect (*sébei*, vers 543). S'ils sont doués de l'entendement (*gnóme*, vers 527) que les choreutes s'attribuent à elles-mêmes tout en en créditant également Prométhée (vers 543), les mortels ne sauraient s'opposer à l'ordre harmonieux établi par Zeus ; et ceci quand bien même cet ordre est maintenu par le pouvoir autoritaire du dieu (encore une fois *krátos* au vers 527)[1].

> Êtres éphémères ! Qu'est-on ? que n'est-on pas ?
> L'homme est le rêve d'une ombre.
> Mais quand l'éclat de la lumière vient de Zeus,
> Les hommes sont illuminés d'une clarté divine
> Et douce est la vie.

Sans doute est-ce non pas Eschyle, mais Pindare qui, pour conclure par ces vers l'éloge d'un jeune athlète dans la *Pythique* VIII, a donné au *topos* grec définissant la précarité de l'existence humaine l'expression poétique la plus sensible. En ce même milieu du Vᵉ siècle, les Océanides d'Eschyle expriment cette même conscience du caractère éphémère de l'action des mortels ; elles montrent que face aux dieux, les hommes aléatoires sont semblables à des songes, qui errent sans force. Au spectacle de Prométhée définitivement entravé par Zeus, les jeunes choreutes ne peuvent qu'appeler les hommes, et par conséquent les spectateurs du drame, à la piété des offrandes aux dieux et des célébrations sacrificielles ; elles ne peuvent en conclusion qu'évoquer, de manière auto-référentielle, le chant d'hyménée qu'elles-mêmes avaient entonné, jadis, pour célébrer les noces de Prométhée avec leur sœur Hésioné[2]. Le paradoxe est à son com-

---

1. Eschyle, *Prométhée enchaîné* 526-543 ; pour la première partie de ce bref chant choral, voir Griffith, 1983, p. 182-186, ainsi que, en général, Saïd, 1985, p. 302-310.

2. Eschyle, *Prométhée enchaîné* 544-561 ; cf. aussi 83, 243 et 945 pour la qualification en tant qu'*ephémeroi* des hommes soutenus par Prométhée au détriment des dieux ; voir déjà les réactions d'Océan lui-même aux vers 284-297 et 307-329. Pindare, *Pythique* 8, 95-97, avec le commentaire exhaustif de Fränkel, 1960, p. 23-39, qui donne le catalogue des

ble : en transmettant aux hommes une série de *mekhanémata*, de moyens techniques, l'ingénieux Prométhée se trouve lui-même dans une situation d'*amekhanía*, d'impuissance ; cette situation de manque de ressources, la sagesse poétique grecque l'associe volontiers au caractère éphémère de l'existence des mortels. Désormais, le Titan est confronté à l'incomplétude constitutive de l'homme mortel ; il doit se comporter en tant que tel.

C'est ainsi que, dans la scène finale de la tragédie, le messager des dieux s'adresse à Prométhée en le traitant d'« habile rhéteur » (*sophistés*, vers 944). En passant des formes du *je* à sa dénomination à la troisième personne, Prométhée n'appose-t-il pas sa « signature », comme le font les historiens, au catalogue des techniques bienfaisantes qu'il a inventées pour les mortels ? « Tous les arts aux mortels viennent de Prométhée » (vers 506). Après avoir résumé dans le vol du feu les privilèges que le Titan a accordés aux éphémères mortels tout en offensant les dieux, Hermès demande à Prométhée de livrer, sans recourir aux détours de l'énigme, le secret qu'il détient quant au possible renversement du pouvoir royal de Zeus. Il en va à nouveau de la naissance d'un fils susceptible de renverser son père. Le refus du vantard d'adopter l'attitude de « sage réflexion » (*sophè euboulía*, vers 1038) que lui indique le dieu messager et que lui recommandent les Océanides entraîne le cataclysme qui ébranle les fondements mêmes du cosmos, contrôlé par Zeus. De cet effondrement final, Prométhée sera néanmoins sauvé par Héraclès, le héros dont le Titan sait qu'il sera son libérateur ; de même, conformément

---

innombrables variations offertes par les poètes grecs sur le thème de la précarité de la condition de mortel ; parmi ces réflexions poétiques, voir encore d'Eschyle lui-même le frgt 399 Radt.

à l'étymologie de son nom propre, celui qui « apprend à l'avance » sait que Zeus est appelé à être détrôné par l'un de ses fils[1].

Avec le cataclysme cosmique marquant le terme de la tragédie, l'action dramatique n'a pas encore atteint son terme. Que le *Prométhée enchaîné* ait été réalisé ou non par Eschyle, le drame appartient à une trilogie[2]. En probable position centrale dans le triptyque, le *Prométhée enchaîné* devait être représenté après le *Prométhée porte-feu* et avant le *Prométhée libéré*. Dans la troisième tragédie, Héraclès délivrait finalement Prométhée de ses liens, en échange d'indications sur le chemin pour atteindre le jardin des Hespérides. Libéré sur l'ordre de Zeus, Prométhée devait porter une couronne rappelant son propre enchaînement[3]. Ainsi, en conclusion à la trilogie, un produit de l'activité artisanale de l'homme était donné comme le souvenir (*mnêma*) matériel du travail artisanal auquel renvoient les liens forgés par Héphaïstos ; ces entraves sont par ailleurs elles-mêmes un symbole métaphorique du pouvoir de Zeus. Mais, dans un processus d'ordre étiologique, l'artefact que constitue la couronne est aussi, dans sa clôture, la marque de la réconciliation entre Zeus le tyran et Prométhée le philanthrope.

---

1. Eschyle, *Prométhée enchaîné* 780-785, 907-927 et 939-940. Ce fils pourrait être celui dont Thémis prédit la naissance quand Zeus rivalise avec Poséidon pour épouser Thétis (cf. Pindare, *Isthmique* 8, 26-48). Sur les modes du discours de Prométhée, voir Pucci, 2005, p. 58-62.

2. La question de la trilogie est traitée notamment par Griffith, 1983, p. 281-305 ; voir aussi Renaud & Wathelet, 2000, p. 35-42, qui relèvent les différences avec les deux versions du récit que l'on trouve chez Hésiode.

3. Eschyle frgt 202 Radt ; cf. aussi p. 306 Radt. Il convient de ne point oublier que, précisément dans l'Athènes classique, Prométhée est l'objet d'un culte héroïque (cf. Pisi, 1990, p. 21-51).

1.5. *Platon et Sophocle* : tékhnai *prométhéennes et justice politique*

Face au pouvoir pris par les dieux de l'Olympe, le Prométhée mis en scène par Eschyle démontre donc trop de considération à l'égard des mortels. Dans la version révisée du récit que rapporte le dialogue mis en scène dans le *Protagoras*, Platon donne de la philanthropie de Prométhée une explication indirecte. Pour montrer que la vertu peut être enseignée, le sophiste Protagoras décide de raconter un *mûthos*, c'est-à-dire une histoire exemplaire et efficace. Le récit se substitue donc au *lógos*, au discours argumenté ; en effet, aux oreilles du public réuni par le sophiste, il est plus agréable, plus séduisant (*khariésteron*) de raconter (*légein* !) un *mûthos*[1].

Dès lors, Protagoras-Platon illustre la question de la faute de Prométhée en reformulant le récit. Après la création de plusieurs espèces d'animaux et d'êtres dépourvus d'entendement (*zôia áloga*) à partir de la terre et du feu, il ne reste plus qu'à régler le sort des humains. En remplacement d'Épiméthée qui, dans son ignorance, a réparti toutes les capacités existantes (*dunámeis*) entre les animaux, intervient Prométhée. À l'intention des hommes restés nus et dépourvus, le héros emprunte à Héphaïstos et à Athéna leurs capacités et

---

1. Platon, *Protagoras* 320c-323a ; voir Brisson, 1975, p. 10-23 qui réarticule le récit en une série d'oppositions structurales parmi lesquelles le partage entre l'art démiurgique (Prométhée) et art politique (Zeus), ainsi que Desclos, 1992, p. 106-111, et surtout Morgan, 2000, p. 132-154. Pour la relation entre *mûthos* et *lógos* chez Platon, on pourra prendre en considération les références et les indications bibliographiques que j'ai données en 1996, p. 25-28 et 166-169.

leurs savoirs techniques (*éntekhnos sophía*) ; en même temps, il vole le feu, susceptible de donner les moyens *(mekháne)* de rendre ces arts utiles (*khresíme*). De même que dans le *Prométhée* d'Eschyle, les dons faits aux hommes par le Titan allient art de la fabrication, ingéniosité, efficacité et profit. Les techniques du feu détenues par Héphaïstos et les savoirs d'artisanat déployés par Athéna fourniront donc aux hommes différents expédients et différentes ressources, notamment dans le domaine de la production alimentaire (*bíos*)[1]. Ce *bíos* correspond aux ressources alimentaires et aux biens matériels que les hommes des *Travaux* d'Hésiode sont contraints de se procurer par leur travail manuel, en raison même de leur mortalité.

Ainsi, dans la version du récit revisité par Platon, c'est en dépit de sa mortalité que l'être humain se trouve détenir une part du lot originairement échu aux dieux. C'est pourquoi il est le seul parmi les êtres animés à honorer les dieux en leur construisant des autels et en leur élevant des statues ; il s'agit apparemment d'entrer en communication avec les êtres divins et d'honorer ceux avec qui l'on partage certaines capacités. L'homme peut dès lors faire preuve de sa maîtrise de l'art de la construction par l'articulation et l'ajustement d'éléments (*dierthrósato*) : il invente ainsi le langage articulé avec ses mots, il construit des maisons, il produit des vêtements, des chaussures, des couvertures, des aliments ; ce sont des artéfacts dépendant tous de l'intelligence artisane. De plus, afin de se défendre contre les animaux sauvages, les hommes cherchent à se regrouper pour fonder des cités.

1. Chez Hésiode, *Travaux* 42-52, c'est précisément le *bíos* que les dieux, puis Zeus lui-même retirent aux hommes en guise de punition pour la faute commise par Prométhée avec le vol du feu.

Néanmoins, pour empêcher les dommages réciproques et les injustices, il manque encore aux humains l'art de la politique (*politikè tékhne*). Comme cet art repose sur le respect et sur la justice (*aidòs kaì díke*), ces deux valeurs nouvelles ne sont plus accordées aux mortels par Prométhée, mais elles sont offertes directement par Zeus, qui recourt aux services d'Hermès pour les transmettre aux hommes. Ainsi, justice et retenue (*dikaiosúne kaì sophrosúne*) non seulement fondent l'art politique qui assure l'ordre dans la cité, mais ces deux qualités sont désormais aussi présentes en chaque humain. Chaque homme, c'est-à-dire chaque citoyen athénien, a une part à la justice de Zeus, une justice qu'il est aussi possible d'enseigner. En conséquence, Prométhée, qui a commis plusieurs larcins, se révèle finalement ne pas avoir respecté l'ordre de la *díke*. La règle suprême de la vie en société, que Prométhée a enfreinte, les hommes la doivent au dieu souverain.

La leçon de la belle histoire, non sans ironie, est à nouveau paradoxale, sinon contradictoire. La justice accordée aux hommes par Zeus est attachée à un indispensable acte fondateur certes, mais un acte lui-même injuste. De là, vraisemblablement, la faiblesse à l'intérieur de la cité d'une règle de justice que les hommes sont constamment prêts à enfreindre ; de là la précarité d'un équilibre social qu'ils menacent sans cesse de briser. Quoi qu'il en soit, les arts pratiques de Prométhée, empruntés aux dieux de l'artisanat, s'inscrivent désormais dans l'ordre de la justice, de la justice politique.

Sans en mentionner l'origine, et par conséquent sans citer le nom de Prométhée, le célèbre chant choral qui marque le début de l'*Antigone* de Sophocle attribue aux humains pratiquement toutes les capacités techniques alléguées dans le texte d'Eschyle : arts maritimes pour se frayer un chemin au milieu des flots déchaînés ; agriculture, en épuisant par les incessants parcours de la charrue attelée la vieille Terre, la plus vénérable des déesses ; chasse et pêche, grâce aux filets manipulés par un homme clairvoyant ; par différents moyens techniques (*mekhanaí*) : domestication des animaux errant dans les montagnes mise sous le joug et du cheval et du taureau, abris qui protègent l'humain du gel et de la pluie. S'y ajoutent les sons du langage articulé (*phthégma*), une sensibilité labile comme le vent (*anemóen phrónema*) et les aspirations qui instituent les cités, toutes qualités que l'homme « s'est enseignées à lui-même » (*edidáxato*). Un homme donc pourvu de tous les moyens pour se tirer d'affaire (*pantopóros*), mais qui reste entièrement dépourvu (*áporos*) face à Hadès. Contre la mort uniquement, l'humain n'a trouvé et ne dispose en effet d'aucune échappatoire. L'inachèvement est donc conçu ici en termes positifs de capacités à développer, à l'égard d'une mortalité qui est constitutive : j'y reviendrai. Indépendamment de l'aide ou non de Prométhée, tel est aux yeux des choreutes de Sophocle le paradoxe : disposant d'un savoir relevant de l'ingéniosité (*sophòn mekhanóen*) et d'arts techniques (*tékhnai*) au-delà de tout espoir, l'homme prend parfois la route du mal et parfois celle du bien.

Il a même inventé la parole,
pour communiquer la pensée rapide comme le vent.
Il a utilisé l'instinct social
pour créer des villes.
Il y a construit des maisons
où il s'abrite du gel et de la pluie
tellement il est malin

prêt à tout ce qui peut arriver.
La Mort seule, il ne saura pas lui échapper
même s'il a inventé des remèdes
pour les maladies qu'on croyait incurables.
L'ingéniosité des hommes
et leurs machines dépassent nos espérances,
mais ils ne savent où aller :
tantôt ils font le bien, tantôt ils font le mal.

Reportée sur le plan éthique, la précarité de la condition humaine invite finalement les vieillards de Thèbes à un appel vibrant au respect des lois du pays et de la cité, qui sont sanctionnées par la justice des dieux : celui qui les applique aura une haute position dans la *pólis* ; celui qui les brave doit en être exclu[1]. Mais on l'a trop souvent oublié : ce chant vantant les mérites techniques d'une civilisation des hommes qui est coiffée par les lois d'une justice garantie par la divinité précède immédiatement l'arrivée sur scène d'Antigone. La jeune fille est conduite par les gardes de Créon ; elle est présentée par le chœur lui-même comme « la malheureuse enfant du malheureux Œdipe » : elle est probablement coupable d'avoir enfreint, dans son absence de raison, précisément les lois établies par le roi…

Sans doute est-ce cette fonction dramatique du chant choral sophocléen sur les capacités techniques et civilisatrices

1. Sophocle, *Antigone* 332-375 (360-366, dans la traduction de Florence Dupont) ; voir à ce propos le commentaire de Manuwald, 2003, p. 128-131, qui expose aussi les difficultés présentées par un texte mal assuré, ainsi que Löbl, 1997, p. 80-88, qui explicite le sens assumé par *tékhne* dans ses différents emplois chez Sophocle. Quant au rapport de ce premier chant choral avec l'action dramatique et l'évaluation que font les choreutes de l'action des protagonistes, voir l'étude de Rösler, 1983, p. 114-124, anticipée par celle, importante, de Cerri, 1975, p. 57-71.

des hommes qui a été mise entre parenthèses par Cornelius Castoriadis, quand il estime que le poète a introduit dans ces vers l'idée de l'« autocréation » de l'homme. Indépendamment du contexte choral et dramatique du chant choral en question, Sophocle concevrait l'homme comme l'être qui « se » serait enseigné et qui aurait donc « créé pour lui-même langue et pensée », un homme qui, en tant que tel, mériterait d'être qualifié de *deinóteron*, d'être à la fois « plus terrible et plus admirable ». Tout en dénonçant avec raison les libertés que Martin Heidegger, soucieux d'imposer un *Dasein* essentialisé et coupé de tout contexte historique, prend avec le texte de Sophocle, la lecture illuministe proposée par Castoriadis est elle-même la victime d'un triple glissement herméneutique. Le glissement porte d'abord sur l'énonciation : « Sophocle » au lieu des vieillards de Thèbes qui sont dans l'orchestra les exécutants de l'hymne à la civilisation des hommes ; il est d'ordre contextuel ensuite : Castoriadis met entre parenthèses l'allusion par les choreutes aux êtres hautement ambigus et paradoxaux que sont aussi bien Antigone que Créon ; il relève de la sémantique enfin : qui dit enseignement à soi-même, selon un sens réflexif d'ailleurs rarement offert par la forme verbale moyenne, n'implique pas forcément « auto-création »[1]. Sans doute l'*Odyssée* présente-t-elle déjà Phémios comme un poète *autodídaktos*, un aède qui s'est instruit lui-même ;

---

1. Castoriadis, 1999, p. 25-33 : « L'homme crée son essence, et cette essence est création et autocréation » (p. 30) ; de manière en somme plus exacte, Martin Heidegger proposait naguère pour la traduction de *deinós* l'équivalent allemand de *unheimlich* (« inquiétant ») : cf. Borutti, 2003, p. 319-320, qui propose de référer cette qualification à celle de l'« ou-topie » de l'homme.

mais ce chanteur attaché à la cour d'Ulysse à Ithaque n'en est pas moins inspiré par les dieux[1].

Indépendamment de toute piété dont Sophocle serait le témoin, indépendamment aussi de la polyphonie de la voix chorale qui (en dehors de sa fonction dramatique) peut renvoyer aussi bien à celle de l'auteur tragique qu'à celle du public, ce sont précisément les dieux qui sont évoqués au terme du chant choral composé par Sophocle ; les dieux garantissent le respect par l'homme de la justice, placée sous serment, et des lois qu'il a « insérées » dans le pays. Rappelons que dans la version du récit de Prométhée revisité par le *Protagoras* de Platon, c'est apparemment en raison de la part divine dont ils disposent à l'exclusion des animaux que les hommes sont capables non pas de « s'enseigner », comme dans le chant choral de Sophocle, mais d'élaborer par un travail d'assemblage et d'ajustement différents artéfacts, parmi lesquels le langage ; et c'est finalement Zeus lui-même qui accorde aux humains la retenue et la justice qui leur permet de vivre en cité et en société.

« Nombreuses sont les choses extraordinaires (*deinà*) et rien n'est plus extraordinaire (*deinóteron*) que l'être humain » chantent donc les vieillards de Thèbes en prélude à cette première intervention chorale dans l'*Antigone*. Par référence à la fois à l'effroi et à l'émerveillement suscités par l'extraordinaire, impliquant le renvoi à une habileté qui peut être trompeuse, le terme *deinós* est ambigu. Dans le chant composé

1. Homère, *Odyssée* 22, 345-348, qui fait dire à Phémios : « *I am self-taught, and a god breathed into my breast songs of every sort* » comme traduit Segal, 1994, p. 137-140 ; cf. aussi 147-148. La complexité de la référence énonciative de la voix chorale dans l'*Antigone* est analysée avec pertinence dans la mise au point complexe de Rösler, 1983, p. 107-111.

par Sophocle, l'ambivalence sémantique de cet adjectif porte autant sur les capacités cultivées par l'homme que sont le langage articulé ou le sentiment (qui peut en effet tourner à la présomption) que sur le pouvoir violent que l'homme exerce à l'égard de Terre par le labourage ou sur la violence exercée vis-à-vis des animaux sauvages par les instruments techniques de la domestication ; à ces capacités paradoxales de travail civilisateur par l'intermédiaire d'actes marqués par habileté et violence s'ajoute le risque pour l'homme mortel d'enfreindre la loi de justice et d'être par conséquent exclu de la communauté civique.

Donc pas de « cercle primitif de la création », pas d'opposition illuministe des humains à des dieux qui, quant à eux, ne se seraient rien enseignés ; mais, face à une mortalité irréductible, la possibilité pour l'homme d'exercer par son habileté technicienne un pouvoir autoritaire à l'égard d'une puissance divine ou vis-à-vis des animaux[1] ; et surtout cette capacité d'enfreindre les règles qui dans la cité contrôlent la pratique des différentes capacités techniques et civilisatrices de l'homme. C'est dans cette mesure qu'au début de leur intervention chantée, les choreutes définissent l'être humain comme la chose la plus paradoxale (et donc la plus effrayante) sur terre ; c'est dans cette mesure qu'en écho annulaire, au terme du fameux chant choral, les vieillards de Thèbes présentent Antigone, dans un geste verbal de *deixis*, comme un prodige extraordinaire, marqué par le destin (*daimónion téras*, vers 376).

1. L'expression *krateî mekhanaîs*, au vers 347, rappelle par exemple l'intervention de Kratos dans le *Prométhée enchaîné*. Segal, 1981, p. 152-173, a fort bien mis à jour tous les échos qui font interagir cette représentation chantée de l'action civilisatrice ambiguë de l'homme mortel avec l'évaluation de l'action d'Antigone et de Créon au cours de la tragédie.

Si les vieillards de Thèbes mis en scène par Sophocle n'ont pas besoin de convoquer Prométhée pour montrer la prééminence de la justice humaine et divine dans l'exercice des activités artisanes de civilisation, c'est sans doute que la question du dépassement des limites de ce que l'homme mortel construit dans sa vie en cité va se poser à l'exemple d'Antigone, l'héroïne de la tragédie. Même si cette existence est, chez Sophocle, encore largement contrôlée par les dieux, reste la capacité de l'homme non pas de « s'autocréer » et de s'altérer, mais de façonner, notamment à travers un enseignement qu'il pratique dans son propre intérêt, une vie en société par ailleurs soumise à la précarité ; mais cette capacité créative soumet l'être humain à la menace constante de dépasser les limites de la mortalité. En l'absence de toute intervention prométhéenne, les capacités techniques qui incluent langage articulé et sentiment intelligent pour animer la vie en cités semblent relever de l'acquis plutôt que de l'inné. Non pas *phúsis*, « nature », mais *nómos*, « loi », pour reprendre la célèbre opposition entre deux catégories que la pensée indigène fait correspondre à deux ordres en interaction, effacés par l'idée d'« autocréation » ; une interaction entre deux domaines dont la problématique délimitation a un impact essentiel sur notre saisie des implications épistémologiques et pratiques du génie génétique. On va y revenir.

Dans la version du récit de Prométhée donnée dans le *Protagoras* de Platon, à une « nature » humaine qui est réduite à un mélange de feu et de terre, assorti de toutes les qualités qui peuvent être associées à ces deux éléments, s'oppose de manière plus tranchée le savoir technique (*éntekhnos sophía*) dérobé par Prométhée à Héphaïstos et à Athéna ; conjuguée avec le feu, cette habilité artisane pourra être utile aux mortels.

Mais les différents arts dépendant de l'usage du feu ne procurent à l'homme que les ressources de sa survie. Comme on l'a vu, fabriqués par les dieux, les humains participent de la divinité. C'est dans la mesure de cette part divine que, apparemment d'eux-mêmes, les hommes se livrèrent peu à peu aux différentes pratiques de la civilisation et que, face aux conflits menaçant de faire disparaître l'espèce humaine, Zeus finit par leur accorder retenue et justice, productrices de la vie civique et du lien social. Conclusion paradoxale du Protagoras imaginé par Platon : non seulement tous les hommes participent à la justice, mais cette qualité doit être enseignée et entretenue par la pratique.

Ainsi, pour Protagoras, la « nature » humaine s'avère partagée entre sa constitution matérielle, issue d'un mélange de boue et de feu, et le don de Zeus qui requiert enseignement et pratique ; la justice civique en effet n'est ni naturelle (*ou phúsei*), ni spontanée chez l'homme[1]. La part organique de la « nature » de l'homme semble relever de l'inné ; la part divine et sociale qui distingue les hommes des animaux et qui leur appartient en propre doit en revanche être l'objet d'un enseignement et d'une pratique : à nos yeux, elle relèverait de l'acquis. La question des fonctions du génome humain nous confrontera à d'autres cas de la perméabilité, dont témoignent les représentations grecques classiques, entre l'ordre de la « nature » et celui de la « culture », entre ce que nous pensons pouvoir considérer comme inné et ce qui nous apparaît comme acquis. Renforcée par la pensée sous-jacente au structuralisme, la double distinction classique risque désormais de perdre sa pertinence et, par conséquent, son caractère opératoire.

1. Platon, *Protagoras* 323bc ; voir Osborne, 2007, p. 29-40. Pour le reste du récit, cf. *supra* note 24.

1.6. *Force du destin et dépassement des limites*

Au-delà de la logique paradoxale propre au *mûthos* grec dans ses usages poétiques ou philosophiques, on peut tirer au moins trois conclusions quant à la position précaire et marginale de la culture artisane et technique des hommes telle qu'elle est figurée dans les deux versions du récit de Prométhée, présentées par Eschyle d'une part et par Platon de l'autre, sans oublier le profil choral et poétique de l'homme civilisé dessiné par Sophocle :

– Au moment de son apparition ou de sa création, l'être humain est nu, dépourvu, impotent. Doué de capacités sensorielles uniquement, il ne parvient pas à interagir avec un environnement qui lui est hostile. Le développement de ses sens requiert différents moyens techniques ; par des pratiques artisanes et par la vie sociale, ces arts pratiques lui permettront une communication d'ordre culturel avec les dieux et avec son entourage, tout en repoussant la limite par ailleurs infrangible de sa mortalité constitutive.

– Animal éphémère, précaire, incomplet, l'homme est sans doute un être d'inachèvement, mais il dispose de qualités virtuelles. À l'aide des différents arts pratiques et sémiotiques dont la légende attribue volontiers l'invention à Prométhée, grâce à son habileté manuelle et intellectuelle, l'être humain est susceptible de surmonter, en partie tout au moins, cette impuissance constitutive : c'est là le travail de la civilisation comprise comme un ensemble d'activités techniques et de pratiques sémiotiques ; productrices d'artéfacts, elles sont sources de bien-être dans le cadre de la communauté civique.

– L'exercice même des savoirs et des arts techniques des hommes, qu'ils soient transmis par Prométhée ou qu'ils semblent à leur disposition dès la naissance et donc par « nature », situe la culture humaine qui en est le produit sur une limite, contrôlée par les dieux ; par ses capacités techniques mêmes, l'homme, en être fondamentalement ambigu, est toujours menacé de dépasser et d'enfreindre une limite qui correspond en définitive à celle imposée par la mortalité.

Paradoxalement donc, même quand elle est transformée en *politikè tékhne*, en art politique selon l'idée offerte par le sophiste Protagoras mis en scène par Platon, la culture humaine situe l'homme dans une position marginale ; mais en même temps, elle fait de lui un animal constamment tenté de transgresser la frontière sur laquelle il se trouve en équilibre instable. L'être humain est en effet régulièrement menacé de commettre, par son arrogance, un acte d'*húbris* vis-à-vis de l'ordre supérieur dont il dépend quant à son éphémère civilisation.

Rappelons encore qu'aux yeux des filles d'Océan, les jeunes choreutes de la tragédie d'Eschyle, les noces avec l'une d'entre elles font de Prométhée le Titan pratiquement un homme mortel, un homme soumis à la loi du mariage : cette règle matrimoniale a été imposée aux mortels par le don même de Pandôra tel que le conçoit Hésiode. Mais l'évocation du chant d'hyménée, entonné à cette occasion passée, contraste avec le spectacle de Prométhée dans le présent de l'action dramatique ; c'est un spectacle terrifiant. Entravé et torturé, le héros si proche des hommes est désormais soumis aux vicissitudes de la *túkhe*, aux renversements de la fortune propre aux mortels ; en ce qui concerne Prométhée lui-même, cette fortune est particulièrement destructrice. C'est en tout cas avec cette observation nostalgique et contrastée que se conclut, dans le *Prométhée enchaîné*, le chant du chœur qui a été suscité par la longue tirade du héros sur les techniques requérant des hommes habileté manuelle et mobilité intellectuelle :

Allons, ami, dis-le :
Quelle reconnaissance pour ton bienfait ?
Où est le secours, où est le soutien
de la part des hommes éphémères ?
N'as-tu pas vu l'impuissante inconsistance,
pareille à un songe, qui entrave la race humaine
dans ses errances ?
Jamais la volonté des mortels n'outrepassera
l'ordre harmonieux de Zeus.
Ceci, Prométhée, je l'ai appris en voyant
ton misérable destin (*oloàs túkhas*).

Consacré à démontrer l'impossibilité pour l'homme, dans son éphémère faiblesse, de s'opposer au pouvoir et à l'ordre de Zeus, ce chant choral est précédé d'un échange avec le Titan enchaîné. En dépit de son pouvoir universel, Zeus lui-même – apprend-on – est soumis à la Moïra ; divinisée et réalisée par les trois Parques et les Érinyes à l'imparable mémoire, la Destinée s'inscrit dans l'ordre de la nécessité. « L'habileté technique est beaucoup plus faible que la nécessité » – reconnaît Prométhée lui-même face à cette force implacable qui domine les hommes comme les dieux[1]. Même si elle est envisagée par Prométhée comme offrant une possibilité de

1. Eschyle, *Prométhée enchaîné* 544-561 (544-554 en traduction), puis 511-514 et 515-520 ; Saïd, 2006, p. 251-254, insiste sur l'imperfection de la civilisation issue des arts prométhéens.

tirer vengeance de la punition passagère imposée par Zeus, c'est la soumission à cette puissance du destin et sa reconnaissance qui font du Titan un héros de tragédie.

Quant à cette condition tragique, il suffira d'évoquer le célèbre épisode de l'*Œdipe-Roi* où le héros thébain réapparaît sur scène après s'être aveuglé pour avoir reconnu son identité, marquée par l'inceste et le parricide. Le fils de Laïos, l'époux de Jocaste commence, sur la suggestion du chœur, par accuser son propre destin, puis en raison des oracles qui ont annoncé cette destinée funeste, il se tourne vers Apollon avant de reconnaître qu'il s'est frappé lui-même, de sa propre main, lui le malheureux. Privé de la vue, Œdipe voit enfin le destin qu'il est contraint d'assumer par l'intermédiaire du dieu Apollon, après qu'il s'est défini lui-même, dans un premier temps, comme le fils de Tyché, de Fortune. La motivation de l'acte tragique est non pas double, mais triple ; elle implique d'abord la *moîra* (ou le *daímon*) avec son nécessaire achèvement, puis une divinité qui contribue à cet accomplissement, et finalement la décision du héros lui-même d'assumer son destin[1].

Dans cette perspective de l'inévitable nécessité à laquelle est confronté le héros de l'intrigue tragique, Prométhée n'est donc pas le philosophe que voulait faire de lui Martin Heidegger dans son ambigu discours rectoral de 1933. Sans doute le recteur de Freiburg est-il habilité à traduire par « *Wissen aber ist weit unkräftiger denn Notwendigkeit* » la remarque que suscite auprès du Prométhée d'Eschyle la reconnaissance

---

1. Sophocle, *Œdipe-Roi* 1036, 1080-1081, 1300-1302, 1307-1311 et 1329-1332. Sur la « double » motivation (qui se déploie en fait en une triple détermination sur laquelle je me promets de revenir ailleurs), voir en particulier Vernant & Vidal-Naquet, 1972, p. 43-74.

de l'existence de la Moîra, avec la nécessité qu'elle impose ; supérieure à Zeus lui-même, l'incarnation de la destinée achève toute chose[1]. Quant à faire de ce savoir humain l'expression d'une université qui doit nécessairement se soumettre au destin du peuple allemand, c'est un évident détournement, à la fois philosophique et téléologique, des paroles prononcées sur la scène attique à l'occasion des Grandes Dionysies (rappelons-le !) ; c'est un détournement tendancieux dont Heidegger n'a hélas pas l'exclusive. Cette reformulation sur le mode métaphysique s'inscrit dans la vaine recherche du sens – unique, originaire et dans cette mesure métaphysique – censé fonder une tragédie qui s'inscrirait, quant à elle, dans l'histoire du surgissement de la philosophie hellène ; philosophie des origines et des fondements ne pouvant que conduire au développement de la pensée occidentale, ou plus précisément germanique, la plus abstraite et par conséquent la plus achevée. Si le commencement de notre « existence spirituo-historiale » doit coïncider avec l'irruption de la philosophie grecque, alors Prométhée peut sans peine passer pour le premier philosophe de l'humanité…

Quelques trop rares études recourant aux méthodes de lecture proposées en analyse des discours se sont déjà employées à dénoncer les invraisemblables redondances des jeux étymologisants abusifs et trompeurs, auxquels Heidegger soumet les énoncés des poètes et philosophes grecs pour son propre profit métaphysique. En vidant les signifiants hellènes de leur signifié en contexte pour leur conférer un sens

---

1. Cf. Heidegger, 1933, p. 11-17 ; je pense, à ce propos, à l'intelligent commentaire que J. Svenbro vient de donner, dans une étude à paraître, du détournement opéré par Heidegger à partir de la citation d'Eschyle ; voir aussi Meschonnic, 1990, p. 169-179.

ontologique absolu, en faisant du sens des mots des essences, Heidegger procède à une « essentialisation du langage ». Cette ontologisation des mots et des concepts coupe tout discours de sa dimension pragmatique et historique pour l'incorporer dans une conception essentialiste, autoritaire, élitaire et profondément morbide de l'existence humaine ; historiquement et idéologiquement, une telle appropriation philosophique de la capacité langagière et de deux langues privilégiées – le grec et l'allemand – est sœur du fascisme des années trente[1].

Ce qui est en question dans la lecture heideggerienne du texte du *Prométhée enchaîné*, ce sont autant une erreur de traduction et une surinterprétation du texte tragique que l'usage d'une citation promue, hors de son contexte, au rang de « maxime » (*Spruch*). D'une part, le contresens est patent : l'interprétation transforme le savoir-faire technique (*tékhne*) de Prométhée et des hommes mortels, avec ses limites, en un savoir universitaire dont la plus haute expression correspond naturellement à la métaphysique heideggerienne ; celle-ci se veut désormais au service de la nécessité imposée par le destin eschatologique d'un peuple allemand enfin révélé à lui-même par Adolf Hitler. D'autre part, replacée dans son contexte dramatique, la nécessité alléguée par Prométhée, enchaîné par la volonté de Zeus, se révèle correspondre autant à la situation de contrainte qui est présentement celle

1. On doit sans doute à Meschonnic, 1990 (p. 346-373 notamment ; cf. aussi 2007, p. 163-175) l'éclairage le plus pertinent sur les relations que la rhétorique étymologisante de Heidegger entretient avec une essentialisation de la poésie fondée sur des lectures biaisées des textes et sur une pensée redondante et autoritaire ; voir aussi la critique discursive percutante de Bourdieu, 1982/2001, p. 343-377, ainsi que l'enquête conduite, sans la moindre esquive de complaisance philosophique, par Faye, 2005, p. 158-163 et 271-273 en particulier.

du héros qu'à la sujétion imposée aux hommes en général, même s'ils sont désormais les détenteurs des *tékhnai*. Finalement, si l'on suit le développement de l'échange entre le héros et le groupe choral que l'on vient d'évoquer, Zeus lui-même s'avère, aux yeux de Prométhée du moins, être confronté à la nécessité incarnée par les Moires, divinités de la destinée assignée à chacun. Grâce à une étrange correspondance lexicale, le héros bienfaiteur se trouve en fait dans la même situation de faiblesse (*asthenésteros*, vers 517) que le savoir-faire technique (*asthenestéra*, vers 514) qu'il a transmis aux mortels !

Par ailleurs, ce savoir-faire intellectuel et manuel, comme *tékhne*, coïnciderait, aux yeux du professeur de Freiburg, en particulier avec les manifestations culturelles « de masse » ; en contraste avec le *Wissen* (le savoir philosophique), les techniques sont rejetées et méprisées par un Heidegger toujours soucieux de détourner la temporalité ontologique du *Dasein* de la banalité du quotidien. Sans doute est-ce dans la mesure où les dieux olympiens eux-mêmes sont en fait soumis à la force supérieure représentée par Destinée que non seulement Prométhée, mais aussi les choreutes filles d'Océan peuvent à plusieurs reprises dénoncer le pouvoir autoritaire et dominateur (*krátos*, vers 527) de Zeus. En tant que *túrannos*, le maître des dieux et des hommes est lui aussi susceptible de dépasser les limites ; il semble aussi capable d'*húbris*. Rien à voir donc avec la déclaration d'allégeance implicite du recteur Heidegger, par l'intermédiaire d'un savoir universitaire essentialisé, au pouvoir absolu et éclairé du *Führer*. Immortels mais engendrés, les dieux grecs sont faillibles – n'en déplaise à Platon ; et la tragédie attique est le véhicule non pas d'une philosophie, mais d'une pensée critique et d'un savoir pratique sur la condition humaine.

Mais c'est là une autre histoire. Il faut désormais en venir aux échos que, comparativement, l'aspect civilisateur des arts techniques inventés par Prométhée, dans leurs potentialités anthropopoïétiques et dans leur capacité d'enfreindre les limites de la mortalité, peut susciter dans une (post)-modernité dominée par les biotechnologies.

2. « Inachèvement » de l'homme et procédures d'anthropopoiésis

En 1784 déjà, Johann Gottfried Herder écrivait dans les *Ideen zur Philosophie der Geschichte der Menschheit* :

> Comme l'homme, dans l'ordre des choses naturelles, ne s'enfante pas lui-même, il est tout aussi loin de se donner l'être, quand il s'agit de ses facultés naturelles. Non seulement le germe de nos dispositions intérieures dépend de notre origine, aussi bien que la configuration matérielle de nos corps, mais chacun de ses développements est ce que l'ont fait être le temps, le lieu, l'occasion, et toutes les circonstances de la vie. [...] Ainsi l'homme est une machine artificielle qu'ennoblissent, il est vrai, de nombreuses dispositions originelles et une grande abondance de vie ; mais la machine ne travaille pas d'elle-même, et le plus habile n'est point dispensé d'apprendre à la mettre en œuvre[1].

---

1. Herder, 1784/1989, p. 336-345 (II, § 9.1) = 1827, p. II, 142-143 pour la traduction française d'Edgar Quinet (p. 154, pour la seconde citation). Voir, à propos de ce concept d'incomplétude, les remarques anthropologiques de Remotti, 1999, p. 21-23.

Tirée de cette profession de foi dans la nécessité de développer les capacités intellectuelles de l'être humain, la conclusion ne se fait pas attendre : « *Es gibt also eine Erziehung des Menschengeschlechts.* » Il y a donc une éducation du genre humain et la genèse éducative de l'homme procède de la collaboration interactive (*Zusammenwirkung*) entre les individus d'un groupe – parents, maîtres, proches qui font finalement des peuples des grandes familles s'inscrivant dans la tradition des pères fondateurs. De l'ordre de l'artéfact (*künstlich*), ce processus d'éducation communautaire permet aux hommes non seulement de répondre à leurs besoins de base, mais elle contribue aussi à les inscrire dans l'ordre spirituel de la civilisation (*Kultur*) et – ce n'est pas une surprise – dans la ligne de développement de la philosophie des lumières (*Aufklärung*). Ce principe éducatif fonde l'éclosion et la floraison du génie de l'humanité dans la continuité des générations ; il est à la base de la diversité des nations selon le plan de leur père et créateur qui a voulu les hommes imparfaits : « C'est ainsi que la forme changeante et que l'imperfection (*die Unvollkommenheit*) de toutes les œuvres humaines entraient dans le plan du Créateur. »

Si, en raison de l'incomplétude de notre existence terrestre, l'essence de l'homme est à considérer non pas comme être, mais comme devenir, c'est que l'enfant de l'homme vient au monde plus faible que n'importe quel animal. Si l'homme naît en quelque sorte invalide, en revanche il vient au monde avec une tête surdimensionnée par rapport à des membres qui longtemps ne parviendront pas à la porter. Mais la *Unvollkommenheit* de l'homme s'avère être aussi *Disposition* et *Fülle* (*vom Leben*) : l'incomplétude de l'homme est également disposition et plénitude (de la vie).

Né avec cette nature imparfaite mais riche de potentialités dans sa disproportion organique, le jeune être humain va exercer ses sens avant même d'esquisser des actes sensori-moteurs. Ce qui fonde donc l'humanité en contraste avec l'animalité, c'est la raison (*Vernunft*). Dans un oxymore qui combine l'inné et l'acquis, la raison peut dès lors se définir comme un « instinct artificiel » (*ein künstlicher Instinkt*) ; non pas un automatisme inné (*ein angebornes Automat*), mais une capacité de mettre en relation sensations et idées. La raison est l'organe même de la formation, de la construction de l'existence humaine.

Dans cette formation culturelle par l'exercice de la raison et de l'éducation, le rôle central est joué, davantage encore que par notre capacité d'imitation, par cet étrange moyen d'expression des sensations et de la pensée qu'est la langue. Ce souffle curieux qui émane de notre bouche, tel est le moyen inventé par la divinité pour permettre à l'homme de communiquer avec l'autre, pour lui permettre d'enregistrer dans son esprit impressions des sens, images, pensées et sentiments. Ce moyen vocal est sémiotique puisque, toujours selon Herder, dans l'expression verbale la raison humaine ne reconnaît pas les choses mêmes, mais les noms qui en sont la marque, le signe. Ces marques s'incarnent dans des sons qui sont arbitraires : de Saussure avant de Saussure ! Mais, en dépit de ses imperfections, c'est bien par la langue, puis par l'écriture que se transmettent les idées d'une génération à l'autre pour la formation de l'humanité. Unique et universel, le genre humain est néanmoins envisagé dans son historicité évolutive ; compris dans sa diversité culturelle et historique, il est soumis à ce qui deviendra le Grand Partage, le partage entre peuples de tradition orale et peuples de l'écriture, le partage qui double la distinction anthropologique traditionnelle entre le primitif et le civilisé, entre le sauvage et le domestiqué, entre le mythique et le rationnel. Citons encore Herder : « Enfin gardons-nous d'oublier la tradition des traditions, l'écriture. Si le langage est le moyen de développer les hommes comme hommes, l'écriture est le moyen de former pour eux une éducation scientifique. Tous les peuples qui ont manqué de cette tradition artificielle, sont restés, suivant nos idées, sans culture. »

Qualité des créatures humaines qui appartiennent toutes à la même souche, l'humanité ne serait donc pas un donné, mais elle serait l'objet d'une formation, par l'intermédiaire de la raison qui s'exerce et se transmet par la langue et par l'écriture. L'humanité, en tant que qualité partagée par tous les êtres humains, trouverait sa forme la plus haute dans la religion qui permet à l'homme de consacrer ses forces spirituelles vives à la reconnaissance et à l'imitation de la divinité créatrice. Création semblable à la divinité, l'humanité est un bouton qui ne demande qu'à éclore pour fleurir dans son achèvement. La conclusion est dès lors sans ambiguïté : « Nos facultés intellectuelles (*unsre Vernunftsfähigkeiten*) sont appelées à l'exercice de la raison (*zur Vernunft gebildet werden*) ; nos sens les plus délicats à la pratique de l'art ; nos penchants à la vraie liberté, à la recherche du beau ; nos pouvoirs actifs à l'amour du genre humain[1]. »

1. Herder, 1784/1989, p. 144-149 (I, § 4.4), 345-355 (I, § 9.2) et 187-192 (I, § 5.5) (p. 355 et p. 187 pour les citations = 1827, p. II, 172 et I, 284 pour la traduction française d'Edgar Quinet). Dans un chapitre critique intitulé « The Grand Dichotomy reconsidered », Goody, 1977, p. 146-162, ne fait que nuancer, par le contraste entre oral et écrit, le partage canonisé à la suite de la distinction tracée par Claude Lévi-Strauss entre sociétés « froides » et sociétés « chaudes ».

À l'aube du romantisme illuministe allemand, de même qu'en plein classicisme athénien, tout se passe comme si l'homme disposait de qualités et de potentialités innées qu'il tenait à certaines formes de son intelligence de développer. La question des technologies génétiques nous invitera à revisiter le débat entre la part de l'inné et celle de l'acquis dans la fabrication de l'être humain, dans son ontogenèse et dans sa phylogenèse ; et cette nouvelle visite contribuera à relativiser les termes d'une distinction trop tranchée. Mais pour l'instant, c'est l'idée de l'inachèvement constitutif de l'être humain, à son tour revisitée dans une perspective anthropologique, qui pourra servir de transition comparative entre le modèle de fabrication de l'homme donné par le Prométhée sophiste d'Eschyle et celui sur lequel se fonde implicitement la biotechnologie génétique.

2.1. *De l'incomplétude philosophique à l'homme de culture*

Sans doute les capacités techniques accordées aux hommes par Prométhée pour faire bon usage de leurs sens sont-elles remplacées, chez Herder, par des dispositions appartenant en quelque sorte à la nature génétique de l'homme. Mais ces dispositions d'ordre « naturel » resteraient purement potentielles si elles n'étaient pas développées et entretenues par les moyens d'une éducation guidée par ce qui fait la spécificité de l'homme : la raison. À comprendre à la fois comme formation et comme culture, cette *Bildung* s'adresse à l'entendement humain ; elle se substitue à la nature pour faire de l'homme non seulement un animal perfectible, mais surtout un être traversé par une tradition qu'il contribue à enrichir et à transmettre par sa capacité de sémiotique verbale. Sans cette actualisation de ses capacités innées par une *Bildung* qui s'avère correspondre au patrimoine culturel de l'humanité dans ses différentes nations, l'homme serait un être incomplet, inachevé, invalide. À l'idée platonicienne d'une justice politique animant la création et la gestion de la vie sociale et culturelle des communautés humaines s'est donc substituée l'idée romantique d'une éducation permettant l'interaction verbale et érudite entre les hommes constitués en individus. L'entendement de l'homme conduit à la maîtrise culturelle des dispositions et des mécanismes fournis par la nature, certes – mais par une nature encore contrôlée par son créateur. Présentes dans la nature humaine à titre de simples potentialités, les capacités innées ne peuvent être transformées en acquis anthropopoiétiques que par le processus interactif et social de l'éducation et de la transmission de l'héritage culturel. Quant à l'intention du créateur, elle donne à cette éducation sociale et culturelle, à partir d'une nature universellement partagée, une dimension téléologique.

En parallèle et de manière simultanée, il appartenait aux Encyclopédistes français de faire l'économie d'une instance créatrice en postulant l'existence d'une nature de l'homme, s'inscrivant dans le système englobant de la nature en général. À l'idée d'une nature humaine créée se substitue donc, au sommet de la hiérarchie animale, un être humain d'emblée doué de pensée et de sociabilité ; un homme qui ressemble à l'animal tout en s'en distinguant par « un ordre de connaissances et d'idées particulières à l'espèce humaine, qui émanent de sa dignité et qui la constituent » – précise Diderot, dans l'article « Droit naturel » de l'*Encyclopédie*. Situé au centre d'une nature physique, végétale et animale qui se caractérise par son homogénéité, cet homme naturel universel est aussi un homme de progrès ; même si les motivations de l'action des hommes sont dans le désir et la liberté de jouir fondamentalement égoïstes, les arts et les sciences se conjuguent avec les formes de la sociabilité (à commencer par la famille) pour imposer une activité civilisatrice proprement humaine, notamment sur les autres règnes de la nature globale. Arts libéraux et arts mécaniques ont permis à l'homme industrieux de quitter la sauvagerie pour embrasser la civilisation[1].

Dans l'idéalisme de la raison romantique, ce qui a disparu c'est la représentation hellène de la position marginale, à la fois littéralement et métaphoriquement, du processus d'anthropopoiésis ; plus de position périphérique pour la fabrication de l'homme par les moyens techniques accordés par un héros culturel tel que Prométhée. N'oublions pas que, quatre ans après la publication par August Wilhelm Schlegel d'un poème intitulé *Prometheus*, Herder lui-même produit un *Prométhée libéré*. Publié en 1802, *Der entfesselte Prometheus* promet aux hommes le futur d'une fraternité et d'une liberté unissant toutes les nations du monde. Si, dans le poème de Schlegel, la figure de Prométhée incarne le développement autonome de l'humanité dans une dialectique entre la liberté de l'esprit et les contraintes de la nature dans un monde habité par Zeus, le Prométhée de Herder assure aux hommes le progrès moral et spirituel par la raison. Le don apporté du ciel n'est pas uniquement le feu contenu dans la férule, mais c'est également le feu que l'ami de l'homme a insufflé dans son esprit. C'est le feu de la raison, appelée à régner sur la terre entière qui est aussi le royaume de l'homme.

1. Cf. Duchet, 1995, p. 407-468 (p. 416 pour la citation de Diderot).

Au terme de ce bref drame musical, amour et sagesse trouvent leur expression allégorique dans la figure d'Agathia que Pallas Athéna appelle à régner sur les mortels. Et le chœur des Muses de chanter :

> La force céleste qui fleurit sur terre,
> La force qui élève les hommes vers les dieux,
> Leur charme,
> Leur esprit,
> C'est ton présent, Agathia,
> C'est la qualité de l'homme.

C'est ainsi à l'esprit divin régnant sur terre que l'homme doit de pouvoir déployer ses forces propres, animées par la raison[1].

Ce qui a changé par rapport à l'Athènes classique, c'est la représentation du cosmos dans son organisation hiérarchique : non plus un ordre du monde imposé par un Zeus tyran et dominé par une implacable Moîra en face d'un homme éphémère qui, tout en pourvoyant à certaines de ses insuffisances constitutives par les techniques du héros culturel Prométhée, est constamment menacé de franchir les limites que lui assigne sa condition de mortel ; mais désormais une nature unique qui, organisée par un créateur divin unique, requiert d'être valorisée dans ses potentialités par l'être humain devenu individu éduqué et raisonnable. Empli de l'esprit

---

1. Voir Schlegel, 1798/1846, p. 57 (grâce au droit incarné dans la figure de Thémis, « *der freie Mensch blickt zur verwandten Sonne* ») et Herder 1802/ 1884, p. 352 ; entre lectures philologiques d'Eschyle et créations poétiques, Prométhée devient, au début du XIXᵉ siècle, la figure emblématique de l'humanisme du romantisme allemand ; cette production foisonnante, à la fois herméneutique, critique et littéraire qui fut provoquée par la figure de Prométhée, est parcourue dans le détail par Turato, 1988, p. 110-132 (en ce qui concerne Schlegel et Herder).

divin, l'homme prend désormais en charge librement, dans un sens fraternel et spirituel, l'exploitation culturelle de ses propres capacités.

En Grèce classique, tout en faisant de l'homme un animal politique de société et de culture, la fabrication de l'humain par les arts techniques et sémiotiques inventés par Prométhée exposait le genre humain au danger permanent de l'arrogance que le héros culturel lui-même avait démontrée vis-à-vis des dieux. À l'issue du siècle des Lumières, l'homme, désormais doué d'esprit et de raison, se trouve au centre d'une nature avec laquelle il peut entrer en interaction pour compléter ses insuffisances constitutives ; par le développement formatif et culturel de dispositions propres, grâce à des arts et à des sciences dont le créateur de toute chose saura atténuer les éventuels usages et effets négatifs, c'est en définitive sa propre nature que l'être humain contribue à modeler et à orienter.

L'homme donc comme animal incomplet, mais remarquablement riche de capacités intellectuelles à développer en interaction avec son environnement, en Grèce classique aussi bien qu'au terme du siècle des Lumières. Mais de quel ordre est au juste cet inachèvement apparemment constitutif ?

Comme le suggère Herder lui-même en relevant la disproportion chez le nouveau-né entre la dimension de la tête et celle des membres, du point de vue physiologique l'organe de la raison et de l'inventivité culturelle est à l'évidence le cerveau. Or, en se fondant sur les résultats relativement récents d'une part de la paléo-anthropologie, d'autre part de la neurologie, quelques anthropologues contemporains ont renoncé à situer l'incomplétude de l'homme dans sa nature originaire. Autant du point de vue phylogénétique qu'en ce qui concerne l'essence organique de l'homme, il apparaît que, en quelque sorte, la culture précède la nature ; ou, en tout cas, il semble que la nature présuppose la culture.

En résumant les résultats des recherches récentes de ses collègues paléo-anthropologues sur le processus de l'hominisation, Edgar Morin parvient par exemple à la conclusion que l'on doit au développement des pratiques culturelles chez les hominidés un ralentissement progressif des comportements innés, avec un accroissement concomitant de la plasticité et des dispositions créatives du cerveau[1]. Ce processus de développement des capacités combinatoires du cerveau humain par le développement de la culture des communautés des hommes aurait pour corollaire ontogénétique l'allongement de la phase de plasticité de l'enfance et donc de la phase de l'apprentissage. Si incomplétude de l'homme il y a, cet inachèvement réside essentiellement dans les facultés adaptatives et dans les possibilités d'innovation d'un cerveau qui se caractériserait par son extrême malléabilité. Sans aucun doute producteur de culture, l'inachèvement constitutif de l'*homo sapiens* est également, du point de vue phylogénétique, la conséquence du développement de la culture des hommes : « Ce sur quoi s'achève l'hominisation, c'est sur l'inachèvement définitif, radical et créateur de l'homme[2]. »

En anthropologie culturelle et sociale, la tendance est de considérer, de manière plus traditionnelle, la culture comme le moyen de combler le vide laissé par la nature incomplète

1. Voir l'interprétation que donne Morin, 1973, p. 63-105, des acquis de la paléo-anthropologie, avec le commentaire de Remotti, 2003a, p. 41-47.
2. Morin, 1973, p. 105. En relation avec l'émergence du langage, voir à ce propos, par exemple, l'utile mise au point de Dortier, 2004, p. 207-259.

de l'homme. Ainsi en va-t-il par exemple de Clifford Geertz. En se fondant lui aussi sur ce que l'on sait désormais de l'histoire phylogénétique de l'humain, l'ethnologue des formes rituelles des Balinais s'interroge sur les transformations que nos connaissances quant au développement de *Homo sapiens* ont imposées à la conception illuministe d'une nature humaine unitaire ; et de donner à cette étude déjà ancienne la conclusion suivante : « *We are, in sum, incomplete or unfinished animals who complete or finish ourselves through culture* » ; c'est-à-dire : « En résumé, nous sommes des animaux incomplets ou inachevés et nous nous complétons ou nous nous parachevons nous-mêmes par le biais de la culture[1]. » Geertz s'empresse non seulement d'ajouter que la culture a joué un rôle directif central dans l'accès des hominidés à cet état d'incomplétude. Mais il précise aussi que cette culture se réalise toujours en des formes particulières, dans un processus de singularisation qui est en général identifié et dénommé par les communautés culturelles singulières : advenir comme adulte par différentes pratiques culturelles d'ordre rituel et esthétique, c'est devenir Javanais ou Suya, c'est-à-dire être humain au sens plein de l'expression. Or, parmi les acquis civilisateurs ayant conduit les hominidés à la capacité culturelle particularisante que l'*Homo sapiens* détiendrait pour combler son incomplétude constitutive, il y aurait la fabrication d'outils, la pratique de la chasse, l'organisation familiale, la découverte du feu, mais aussi les systèmes symboliques que sont le langage, le mythe et le rite, envisagés en tant que

1. Geertz, 1973, p. 33-54 (p. 49 pour la citation), dans une contribution publiée en 1966 sous le titre « The Impact of the Concept of Culture on the Concept of Man » ; voir là encore le commentaire pertinent de Remotti, 2003a, p. 47-51.

moyens de communication et de contrôle de l'environnement. Il reviendrait donc désormais à l'évolution même de l'espèce humaine, dans ce qui s'avère être une interaction constante entre « nature » et « culture », d'assumer le rôle civilisateur joué par Prométhée et ses arts techniques dans le récit mis en scène par Eschyle !

Même si la réflexion est chronologiquement un peu plus ancienne, l'anthropologue américain est à vrai dire allé plus loin. Dans l'étude qu'il consacre au développement de la culture en rapport avec l'évolution de l'« esprit » de l'homme, il donne comme erronée l'opinion courante qui attribue aux dispositions mentales de l'homme la priorité sur la culture[1]. Loin de représenter des phénomènes d'ordre interne, intracérébral, les processus de développement neuronal dépendraient des ressources culturelles à disposition, en interaction avec l'environnement. Il n'y a donc pas de nature humaine de base, il n'y a pas de constitution innée de l'homme à l'état pur, il n'y a pas d'en-soi de l'homme pensant. Mais les moyens prométhéens de la civilisation que peu à peu l'homme s'est donnés, et auxquels Geertz ajoute l'art, la religion et la science (un mot qu'il assortit de guillemets), auraient modelé l'organisme même de l'homme pour devenir indispensables à sa survie et à sa pleine réalisation. Fondées sur un système nerveux central particulièrement développé, les ressources culturelles apparaissent comme les ingrédients mêmes de l'exercice de la pensée humaine.

Le rôle probablement joué par les pratiques de la civilisation des hommes dans l'évolution neuronale et donc

1. Geertz, 1973, p. 55-83, article publié en 1962 sous le titre « The Growth of Culture and the Evolution of Man » ; voir aussi 2002, p. 237-241. Cf. Relethford, 1997, p. 324-350, et Remotti, 1999, p. 23-24, pour des références à des études plus récentes.

intellectuelle d'*Homo sapiens* semble avoir orienté le développement de son appareil neuronal et cérébral dans le sens d'une plasticité, d'une flexibilité, d'une mobilité, en deux mots de potentialités et de capacités créatrices, inventives, tout à fait exceptionnelles. Ces potentialités plastiques nous invitent à dépasser désormais un concept d'« incomplétude » dont les anatomistes ont donné une version physiologique en parlant de « néoténie » et en attribuant à leur tour à l'être humain, en propre, un inachèvement congénital, requérant un long processus d'éducation.

2.2. *Plasticité neuronale et fabrication de l'homme*

La plasticité est précisément le concept désormais fréquemment utilisé dans les neurosciences contemporaines, d'une part pour rendre compte de la manière dont les cellules nerveuses réagissent aux stimuli extérieurs pour en mémoriser les effets, d'autre part pour expliquer la qualité particulière de certaines zones du cortex cérébral susceptibles d'accueillir les fonctions de parties lésées. Autant l'interaction du système nerveux central avec l'extérieur que le fonctionnement interne de l'organe correspondant seraient ainsi marqués par la plasticité. C'est pourquoi, dans un ouvrage récent de vulgarisation quelque peu superficielle, le neuropsychologue anglais Ian Robertson n'a pas hésité à recourir à la métaphore de la sculpture pour illustrer le processus d'esquisse du monde extérieur qui est capté par les sens pour être modelé dans le cerveau humain. Devenue discipline sur la base de cette métaphore, la *neuroplasticity* s'est donc donné pour tâche d'étudier par quels processus physio-chimiques l'expérience sensorielle est « sculptée » par le système et le réseau des relations complexes établies entre les neurones[1]. La sculpture a donc son sculpteur qui n'est autre que le cerveau avec sa structure neuronale.

Il y a plus de vingt ans déjà, le neuropsychologue américain Howard Gardner attirait l'attention des représentants des sciences humaines sur la dimension plastique du système nerveux de l'être humain et sur la flexibilité qui en découle du point de vue de son développement biologique. Il en concluait que certaines zones du cerveau de l'homme restent longtemps malléables et singulièrement « disponibles » ; leur développement est non seulement sensible aux incitations extérieures, mais il requiert ces sollicitations de l'environnement physique et social[2].

L'examen tout récent de la configuration et du fonctionnement des cellules nerveuses du cerveau que sont les neurones a conduit à introduire la notion de plasticité dans le déploiement même de nos facultés cérébrales. Constitués d'une partie réceptrice (le dendrite), d'une partie de traitement de l'information (le corps cellulaire) et d'une zone émettrice de signaux adressés à d'autres neurones (l'axone), les neurones sont en contact les uns avec les autres. Entre dendrite et axone, la zone de contact, appelée synapse, permet le transfert de l'« information » d'un neurone à l'autre. Or il s'avère que, par courant électrique et processus chimique interposés, les 10.000 synapses qui mettent en contact un neurone avec ses voisins assurent un « stockage » de l'information sous la forme d'une mémoire non consciente, dite procédurale. Ces innombrables possibilités de contact synaptique sont la condition même de

1. Robertson, 1999, p. 59-65 et 198-205 ; voir les recherches complémentaires dont font état, dans la perspective d'une anthropopoiésis plastique généralisée, Favole & Allovio, 1999, p. 183-189.
2. Gardner, 1993, p. 37-45 et 56-58.

la plasticité ; par apprentissage interposé, elle permet d'inscrire le monde extérieur, sous forme de trace, dans le système constitué par nos 100 milliards de neurones. « Par les mécanismes de la plasticité synaptique, qui rendent possible l'établissement d'une trace dans le réseau neuronal à partir de la perception du monde extérieur, se constitue une réalité extérieure dont on est conscient, ou qui peut émerger à la conscience par le rappel », déclare un spécialiste des neurosciences. Dans la mémoire neuronale d'un helléniste, l'écho ne tarde pas à résonner et l'explication du neurobiologiste évoque, étrangement, celle que Platon donne de l'influence des « mythes » dans l'éducation des jeunes enfants[1].

En effet dans le fameux passage de la *République* consacré au rôle de la narration et de la poésie dans la formation du bon citoyen et des gardiens de la cité idéale, un partage, devenu canonique, est opéré entre les exercices physiques qui s'adressent au corps et les arts des Muses destinés à l'âme. Si traditionnellement la musique précède la gymnastique, c'est que les récits (*mûthoi*) racontés aux petits enfants sont susceptibles de laisser dans leur âme encore malléable une trace, une empreinte (*túpos*), « l'empreinte qu'on désire y imprimer comme un signe » ; ceci à d'autant plus forte raison que les *mûthoi* destinés aux enfants, non seulement contiennent toujours quelque vérité en dépit de leur aspect mensonger, mais surtout partagent en quelque sorte avec l'âme la même nature : eux-mêmes objets d'un modelage (*plasthénteis*), ils contribuent à modeler (*pláttetai*) l'âme encore jeune et tendre. On ne s'étonnera donc pas de voir, un peu plus avant dans le dialogue, les formes poétiques qui donnent des dieux

1. Ansermet & Magistretti, 2004, p. 29-47 (p. 46 pour la citation).

différentes représentations être envisagées en termes de *túpoi* : formes façonnées par des poètes qui, selon Platon[1], sont aussi des mythologues. Par les arts de la création, de la « poiétique » au sens étymologique du terme, les poètes et théologiens grecs sont les vecteurs et les animateurs d'une éducation visant à imprimer dans l'âme du citoyen des modèles de comportement. Qui dit malléabilité dit aussi plasticité, dans le sens de la fabrication plasticienne aussi bien du produit doué d'un pouvoir façonnant que de l'organe d'intellection à façonner.

Or, un échange interdisciplinaire récent entre bioscience et psychanalyse freudienne, quant à la plasticité du cerveau humain dans sa constitution biochimique, a conduit à identifier une série d'analogies entre trace synaptique et trace psychique. Il semble en effet que, dans son fonctionnement neuro-biologique, le cerveau humain mémorise les traces que l'expérience sensible y imprime par l'intermédiaire de la perception et des affects qui y sont attachés ; dans leur configuration complexe, ces traces synaptiques, issues de l'interaction des neurones avec l'environnement, correspondent à une représentation de l'expérience enregistrée. Ce processus de la plasticité synaptique constitutive de notre cerveau n'est pas sans évoquer l'explication donnée par Freud de la trace psychique, issue des signes que la perception laisse de l'expérience dans une psyché constituée en inconscient ; et, en particulier dans une perspective lacanienne, les signifiants ainsi enregistrés dans une séquence qui est indicielle de l'expérience vécue et perçue ont le pouvoir d'évoquer, par association psychique,

1. Platon, *République* 377a-d et 378e-379b ; on se référera, à propos de cette théorie psycho-sociale de la poésie, au commentaire intelligent de Cerri, 1996, p. 35-53.

un nouveau signifié. Dans des combinaisons associatives inconscientes, ces signifiés nouveaux peuvent donc être conçus comme « les éléments du scénario fantasmatique propre à la réalité interne inconsciente de chaque sujet » ; cette réalité interne inconsciente prend la forme de « métareprésentations » qui interviennent de concert avec les représentations conscientes, par une véritable sémiotique psychique, dans la réalisation de nos actions, via pulsions et états somatiques successifs. De ces analogies entre processus de formation de traces synaptiques et constitution d'une mémoire inconsciente et signifiante d'ordre affectif (sur la base du rôle joué dans le cerveau par l'amygdale quant à l'activation de systèmes sensoriels), on peut semble-t-il conclure en particulier que « la position stratégique de l'amygdale, à l'interface entre les stimuli externes et les réponses somatiques, permet de réactiver les traces inconscientes préalablement inscrites et les états somatiques qui leur sont associés »[1].

Quel que soit le fonctionnement sémiotique de l'inconscient et quoi qu'il en soit de sa localisation cérébrale, la plasticité biochimique de l'organe de réorganisation et de mémorisation des perceptions sensorielles pour engager l'être humain à l'action semble acquise. Cela signifie que le cerveau humain, aussi bien dans son fonctionnement organique que dans ses mécanismes inconscients, est façonné (sur le mode symbolique) par l'interaction constante avec l'environnement, « naturel » et social. Conclusion à retenir tant elle est essentielle pour apprécier le fonctionnement du génome humain à partir des arts techniques que le tragique athénien attribue au héros civilisateur Prométhée.

1. Cf. Ansermet & Magistretti, 2004, p. 83-98 et 183-213 (p. 94 et p. 192 respectivement pour les deux citations).

Du point de vue non plus de la phylogenèse, mais de l'ontogenèse, il faut pour l'instant retenir que, tant physiquement qu'intellectuellement, l'homme se fabrique et se façonne, également du point de vue biochimique, dans l'interaction avec le monde naturel qui constitue son environnement spatio-temporel et surtout avec le réseau des pratiques culturelles qui en représente le milieu social. En tant qu'ensemble flou et instable de pratiques et de manifestations symboliques en prise sur les institutions de toute communauté humaine, ce qu'il est convenu d'appeler la culture n'est donc pas uniquement la conséquence du développement phylogénétique et onto-génétique du cerveau ; cette configuration modelante et mobile est aussi la condition préalable du déploiement des capacités cérébrales. Mais il convient de souligner que tout en les sollicitant, les incitations environnementales contribuent également à fixer et à restreindre ces potentialités d'élaboration cérébrale. L'exercice concret de ces pouvoirs neuronaux par l'action limite peu à peu des possibilités de relations synaptiques pratiquement infinies.

La mémoire, par exemple, prend des formes et assume des contenus qui en limitent en correspondance les capacités d'enregistrement et de modélisation, tout en orientant la schématisation imagée de ces contenus sensoriels et intellectuels. C'est ainsi – peut-on s'imaginer – qu'en rapport avec sa constitution neuronale propre et en relation avec le monde naturel et les préconstruits culturels de son environnement, chaque homme plastique se construit en un profil conscient et inconscient singulier ; tout en s'insérant dans la tradition culturelle du groupe d'appartenance de l'individu, cette configuration singulière contribue à la fois à réaliser, à reformuler et à transmettre cette tradition même. Dès lors, quant aux capacités sensorielles et intellectuelles de l'homme dans son histoire aussi bien que dans son être individuel et social, la distinction entre éléments innés et apport de l'acquis devient particulièrement perméable ; de même est à l'évidence entièrement poreuse la limite que l'on est tenté de tracer entre le développement des cellules neuronales et l'environnement physique et culturel de l'individu cérébral.

Concept abstrait de l'ordre de l'anthropologie philosophique, l'incomplétude positive de l'être humain dite déjà par le Prométhée d'Eschyle ou par le chœur de *l'Antigone* de Sophocle peut donc être rapprochée, dans les termes de la neurobiologie très naïve et fruste d'un praticien des sciences humaines, de la conception contemporaine de la plasticité du cerveau humain. Ce que semble nous indiquer une telle perspective de comparaison historique, c'est qu'en interaction avec le développement phylogénétique et ontogénétique du cerveau, les activités de culture orientent et fixent les potentialités de l'organe et de la fonction dont elles constituent par ailleurs le présupposé. Neuronalement incomplet, l'homme potentiel de la modernité des neurosciences évoque l'homme prométhéen disposant à l'origine de facultés sensorielles qu'il était incapable d'exploiter ; l'homme neurobiologique se construit donc dans les pratiques sociales de la culture tout en limitant ainsi ses virtualités.

Ainsi, les neurobiologistes ont été récemment capables de montrer que les capacités organiques du cerveau humain sont en fait, au cours du développement d'un individu, peu à peu limitées par l'éducation dans la vie en société, puis par le vieillissement. Autant dans la période du développement post-natal que dans la phase de la vieillesse, on assiste à la fois à une maturation et à une sélection des connexions synaptiques. Ces restrictions progressives dans la compétence du cerveau de l'individu signifient que l'homme est fortement marqué et orienté, dans le déploiement de ses capacités neuronales innées, par le travail de la culture ; le cerveau fait figure d'interface entre facteurs organiques d'ordre héréditaire et milieu environnant[1].

C'est dans cette mesure que l'extraordinaire créativité du cerveau humain est à la fois conditionnée et animée, contrainte et sollicitée par l'environnement naturel que l'être humain contribue à modifier en y puisant ses ressources de vie et par l'indispensable environnement culturel qu'il contribue à enrichir. Le fonctionnement synaptique de son système neuronal impose à l'être humain contraintes et limites, tout en sollicitant son inventivité symbolique. L'incomplétude n'a donc pas pour corollaire la complétude. Les activités symboliques de l'homme en société ne comblent pas un manque initial, mais elles façonnent une plasticité riche d'innombrables virtualités, de même que les arts techniques de Prométhée contribuaient au développement de l'intelligence artisanale et herméneutique de l'homme. Ces pratiques de production symbolique s'en trouvent en retour enrichies et dynamisées, mais aussi contestées, brisées et finalement délaissées. Dans leur historicité et dans leur diversité, les cultures en contraste et en interaction sont l'expression d'un processus non pas de comblement, mais de réalisation contrainte, interactionnelle, aléatoire et toujours imparfaite d'une plasticité organique de base. Nécessaire à l'existence et à la survie de l'être humain, la

1. Cf. Favole & Allovio, 1999, p. 181-189, ainsi que Schenk, Leuba, Büla, 2004, p. 9-10 et 130-141, qui définissent la plasticité comme « la capacité d'un système quelconque à s'adapter au changement par des modifications structurales et fonctionnelles » (p. 10).

créativité culturelle est douée d'un dynamisme aussi heurté qu'il peut être régressif ; elle ne s'inscrit pas moins dans la continuité productive d'un développement sélectif et tendu, un développement qui n'est ni linéaire, ni finalisé.

Incomplétude, inachèvement – la morphologie de termes au préfixe négatif indique l'insuffisance des concepts correspondants pour rendre un dispositif humain qui doit être compris en termes de capacités à déployer, de potentialités à exploiter, de puissances à façonner. Comme on l'a déjà indiqué, les procédures de l'anthropopoiésis ne se limitent pas à combler un manque récurrent, une sorte d'immaturité propre à l'homme ; mais elles façonnent, en interaction constante avec l'environnement naturel, social et culturel, les capacités symboliques d'emblée offertes par l'organisme plastique de l'individu. Non pas incomplétude, mais plasticité humaine, riche de potentialités physiologiques et culturelles : plasticité anthropopoiétique.

2.3. *Pratiques anthropopoiétiques : le corps humain à façon*

Quoi qu'il en soit finalement de sa nature organique ou philosophique, le statut de l'homme, compris moins comme inachèvement qu'en tant que potentialité dans la plasticité, fonde et en quelque sorte légitime toutes les pratiques que nous avons proposé de saisir sous le concept opératoire de l'anthropopoiésis. Des différents rites d'accession à des statuts nouveaux aux processus initiatiques et éducatifs propres à chaque communauté humaine, en passant par les représentations narratives et littéraires de la création de l'être humain ou par les conceptions religieuses et philosophiques de l'homme face à une instance transcendante, les processus de l'anthropopoiésis pratique offrent dans leur créativité d'ordre symbolique un large éventail. Avec les représentations qui leur sont attachées, ces pratiques à la fois organiques et culturelles de la fabrication de l'homme en société peuvent servir de révélateur comparatif quant à la perspective des manipulations d'un génome considéré comme la base organique de l'être humain. Ces pratiques peuvent être illustrées en particulier par les interventions sur le corps, dans les cultures modernes comme dans les sociétés plus traditionnelles ; à commencer par tout ce qui ressortit aux modifications extérieures du corps humain par les pièces de vêtement et les bijoux pour toucher la vue, les onguents et les parfums pour flatter l'odorat, les teintures capillaires, les peintures corporelles, le maquillage pour solliciter l'ensemble de l'appareil sensoriel ainsi que les désirs et les appétits des proches, notamment du point de vue érotique et sexuel[1].

Puisque la perspective est ici celle d'un helléniste, on pourra à nouveau commencer par la Grèce antique et évoquer à ce propos la célèbre mise en scène narrative par Hésiode de la création de Pandôra, ici dans la version offerte par le poème *Les Travaux et les Jours* ! Pour répondre au vol du feu, Zeus convoque ses collègues dieux de l'artisanat et des artifices séducteurs. L'illustre Héphaïstos, Athéna l'artisane, Aphrodite d'or et Hermès le passeur collaboreront pour créer le « grand mal » imaginé par Zeus à l'intention des hommes du futur. À Héphaïstos revient d'abord de pétrir un peu de terre pour lui donner, avec la voix et la force vitale, l'apparence d'une déesse immortelle ; à cette jeune fille à la beauté

1. Les innombrables possibilités d'interventions matérielles et symboliques sur le corps ont été organisées en une taxinomie opératoire de 21 catégories par Remotti, 2003b, p. 281-303, sur la base de quelques travaux typologiques précédents ; pour la modernité, voir Vigarello, 2004, p. 191-252.

séductrice, Athéna enseignera les travaux (*érga*), notamment la technique du métier à tisser ; quant à Aphrodite, elle répandra sur la tête de la belle vierge le désir et les appréhensions qui brisent les membres tandis qu'à Hermès échoit d'insuffler à son esprit l'habileté dissimulatrice.

Tous s'empressèrent d'obéir au seigneur Zeus, fils de Cronos.
Selon la volonté du Cronide, l'illustre Boiteux façonna dans
[la terre
la forme d'une pudique jeune fille.
Athéna, la déesse aux yeux de chouette, la para en lui nouant
[sa ceinture.
Sur son corps, les divines Charites et la puissante Persuasion
disposèrent des colliers d'or et les Heures à la belle chevelure
l'entourèrent de guirlandes tressées de fleurs printanières.
C'est Pallas Athéna qui sur son corps organisa sa parure.
En sa poitrine le Passeur tueur d'Argos
fabriqua des mensonges, des mots trompeurs, un habitus
[d'artifice
en suivant la décision de Zeus aux grondements pesants.
En elle, le héraut des dieux plaça la parole,
et cette femme, il la nomma « Pandôra »
puisque tous les dieux qui demeurent sur l'Olympe ont donné
[ce don,
malheur pour les hommes qui se nourrissent de céréales[1].

Relancé notamment par l'intervention des « Women studies » dans le domaine de l'Antiquité, le débat interprétatif autour de cette version hésiodique du « mythe » de

1. Hésiode, *Travaux* 59-82 ; on trouvera des échos des subtiles arguties herméneutiques suscitées, récemment par la création artisanale de l'Ève grecque, dans les contributions de P. Judet de La Combe, A. Lernoud, D. Saintillan, J.-P. Vernant et F.I. Zeitlin publiées dans Blaise, Judet de La Combe, Rousseau (éds.), 1996, p. 263-392.

Pandôra a été souvent biaisé par la volonté de voir dans cette figure de fiction le reflet, sinon l'emblème de la position sociale de la femme en Grèce classique. Objet de nombreuses lectures enclines à voir dans la figure du poète Hésiode lui-même le père fondateur de la subordination servile et patriarcale de la femme à l'homme, cette scène narrative présente la fabrication matérielle d'un être humain comme l'effet des techniques artisanes, avec ce que ces arts pratiques impliquent d'intelligence rusée et de force séductrice. Les affinités sont évidentes entre les moyens artisanaux mis en œuvre par les dieux pour créer Pandôra et les qualités de séduction érotique, d'artifice dans la toilette et d'ingéniosité langagière qui en caractérisent le produit.

À la faveur de ce processus de « gynécopoièsis », au sens étymologique du terme, et à l'intention d'êtres humains désormais désignés en tant que mâles (*ándres*), la jeune fille devient, en tant que compagne de l'homme, femme adulte : de *parthénos*, elle est métamorphosée en *guné*. Matérialité du corps, apparence physique, applications symboliques, faculté verbale, capacités intellectuelles et morales, tous ces éléments de construction de l'être humain sont animés par les détours ingénieux et rusés de l'artifice. Ils sont de ce fait parfaitement perméables aux effets de pratiques qui ne se disent pas encore *tékhnai*, mais qui évoquent les procédures dont Prométhée confiera le secret aux hommes mortels pour les civiliser.

Les interventions relevant de l'anthropopoiésis ne se limitent donc pas aux modifications apportées à l'organisme humain par de simples ajouts, par de simples applications. Avec l'ornement anthropopoiétique du corps des femmes et des hommes par différents artéfacts d'ordre esthétique et symbolique se combinent souvent les interventions plus invasives, et de ce fait moins éphémères : tatouages et scarifications ; insertion d'objets par la perforation notamment du septum nasal ou des lèvres, sinon du nombril des punks ; modifications de la structure osseuse dans le modelage de la boîte crânienne ou par l'allongement du cou, voire dans le limage des dents ; façonnement de la structure musculaire par la compression au moyen de bandages ou par le biais du *body-building*. Manières non plus d'habiller le corps humain, mais de le façonner par des interventions qui peuvent aller jusqu'à l'amputation de certains organes ou jusqu'à l'extraction de dents ; manières de pratiquer un modelage anthropopoïétique concret avec ses enjeux à la fois esthétiques et sociaux. Dans cette catégorie d'interventions d'ordre morphologique, inscrivant volontiers sur et dans le corps un statut social et symbolique nouveau, s'insèrent aussi les pratiques des entailles sur le pénis pour les jeunes gens et de l'excision du clitoris pour les jeunes filles.

À ces gestes rituels relevant d'un contrôle pratique et social des relations symboliques de sexe, on pourrait ajouter les innombrables modalités de la chirurgie esthétique pour répondre à l'obsession du vieillissement dans les sociétés occidentales modernes. Dans des communautés culturelles qui toutes donnent un prolongement à l'existence de l'individu dans la représentation polymorphe d'une vie après la mort, de telles pratiques esthétisantes et modelantes se poursuivent dans les différents traitements réservés au cadavre à l'occasion des funérailles, que la dépouille mortelle soit embaumée ou qu'elle soit réduite en cendres ; en général restitués à la durée, ces restes d'un corps modelé à façon suscitent différentes pratiques de mémoire, tendant aux formes d'immortalisation les plus variées[1].

Mais, en tant que conception de l'homme, toute anthropologie locale se fonde aussi bien sur une représentation de la genèse de l'être humain que sur une image de sa constitution organique ; et la phylogenèse débouche régulièrement sur une ontogenèse, toutes deux d'ordre anthropopoiétique. Dans les différentes communautés appartenant au groupe *anga* de Papouasie Nouvelle-Guinée, pour ne prendre que cet exemple, la représentation que l'on se fait du corps humain, avec ses composants que sont l'ossature, la chair, la graisse et le flux sanguin, entre en interaction étroite avec la manière dont on conçoit et dont on pratique la procréation et l'éducation des enfants, garçons et filles. Chez les Baruya, en particulier, l'enfant est conçu comme le produit organique du mélange du sperme de l'homme et du sang matriciel de la femme, assimilé au sang menstruel. Le sexe du foetus dépendra de la prédominance ou non de la liqueur séminale mâle sur les liquides propres à la femme. Or le processus de façonnement du squelette par le sperme masculin en complémentarité avec la chair alimentée par le sang féminin se poursuit largement au-delà de la naissance : dans la représentation anthropologique d'une part, dans la mesure où le liquide séminal de l'homme est censé favoriser chez les femmes, qui doivent ingérer du sperme notamment après l'accouchement, le développement des seins et la production du lait maternel ; dans la pratique rituelle d'autre part, puisque la séquence des différentes interventions sur le corps qui scande le long processus anthropopoiétique de l'initiation tribale inclut une forme d'homosexualité

1. Voir encore, à ce propos, Remotti, 2003b, p. 291-300.

institutionnelle. La coutume sexuelle contraint, en effet, les jeunes initiants à ingérer par de fréquentes *fellationes* le sperme chaud de leurs aînés. Marquée du sceau du secret initiatique, cette pratique rituelle n'implique à l'égard des initiants que les jeunes célibataires de la communauté ; les hommes mariés doivent, quant à eux, réserver leurs forces séminales à leurs épouses qui en absorbent le pouvoir par voie vaginale ou par voie buccale. Ainsi dès la procréation des enfants et jusqu'à leur accession à l'âge adulte, les hommes contribuent à la fabrication organique de leurs fils tout en les soustrayant peu à peu, grâce à un échange de sperme en un circuit finalement homosexuel, à l'influence des femmes. Intégré à une séquence initiatique de pratiques rituelles et symboliques qui s'étend sur plus de dix ans, ce processus de formation de l'homme au sens concret de l'expression a pu être interprété en termes de « ré-enfantement »[1] : processus d'« andropoiésis » ayant pour complément, en homologie, un processus de « gynécopoiésis » qui, pour être à l'évidence moins bien connu, attribue un rôle organique essentiel et parallèle au lait maternel et au sang menstruel ; les deux processus sont fondés sur une anthropologie en tant que représentation de l'homme.

À l'exemple des Sambia voisins des Baruya, Gilbert Herdt a pu montrer que l'ingestion orale de sperme par les enfants mâles s'insérait dans un système organique de pratiques alimentaires, d'actions rituelles et de récits d'ordre mythologique qui constituent « *an ontogeny of maleness and masculinity* ». La formation de cet ensemble de traits sexuels (« mâlitude ») et de traits de genre (« masculinité »), qui organisent en une

1. On lira en particulier, au sujet de l'anthropopoiésis des Baruya, les pages éclairantes de Godelier, 1998, p. 18-26, par référence à une série de travaux antérieurs.

configuration interactive et cohérente la masculinité physiologique et la masculinité sociale, passe par un processus de véritable parthénogenèse masculine : procréé par une femme, sa mère biologique, le jeune enfant doit connaître un nouvel engendrement par un adulte, son père symbolique. Pour devenir pleinement mâle et adulte, l'adolescent doit donc renaître biologiquement et socialement par le biais d'une insémination d'ordre homosexuel. Dans l'anthropologie qui sous-tend une telle ontogenèse masculine, non seulement le sperme est conceptualisé en tant qu'homologue du lait maternel, mais le liquide séminal semble se situer, à l'exception du sang qui provient quant à lui de la femme, à l'origine de tous les constituants du corps humain : squelette, peau, muscles, cerveau. L'apparition de la pilosité et la mue de la voix à l'adolescence sont considérées comme les signes par excellence de l'efficacité des forces masculines transmises par la liqueur séminale des adultes[1].

2.4. *Régime alimentaire et perméabilité de l'organisme humain*

Dans la chimie physiologique qui sous-tend ces différents processus de construction organique de l'humain, l'ingestion de différents liquides joue un rôle si important que l'on peut inclure, de manière générale, les différentes prescriptions et pratiques alimentaires dans cette longue liste des moyens et des modalités du façonnement anthropopoiétique. Chez les Baruya eux-mêmes, le jeune enfant est nourri, dès le sevrage, avec les patates douces qui proviennent des jardins de la communauté ; la terre en a été fécondée par la

1. Les pratiques de l'homosexualité rituelle fécondante des Sambia ont fait l'objet de l'enquête anthropologique de Herdt, 1994, p. 203-254.

graisse extraite du corps des ancêtres défunts ainsi que par la graisse fondue des cochons cuits à l'étuvée à l'occasion des grands échanges cérémoniels. À ces aliments à proprement parler s'ajoutent notamment la sève de différents arbres apportée par les parrains des initiants et les forces conjuguées du soleil et de la lune qui donnent à la peau de l'enfant devenu adulte un éclat lumineux ; les initiants sont contraints d'absorber ces différentes substances par différentes manipulations ritualisées. De manière complémentaire, les Ankavé, qui appartiennent au même groupe anga, attachent un soin tout particulier à l'alimentation de la femme enceinte dont le sang nourrit le foetus, mais ils interdisent aux parents potentiels l'absorption de tous les aliments qui, dans leur taxinomie végétale, sont assimilés au liquide séminal des hommes. Pour les Ankavé, en effet, le sperme masculin, en disjonction stricte à l'égard du lait maternel, semble être réservé à la formation non pas du corps, mais de l'« esprit » de l'enfant[1]. C'est donc par une série d'assimilations métaphoriques entre le végétal, l'animal et l'humain que l'absorption orale rituelle de produits provenant de ces trois ordres contribue à la façon, physiologique et intellectuelle, des futurs membres adultes de la communauté.

Du côté de la Grèce antique, l'ingestion sélective et prescrite de substances contribuant à façonner la morphologie organique et morale de l'être humain évoque le rôle central accordé au régime alimentaire par exemple dans la médecine hippocratique. La théorie de l'influence de l'environnement

1. Voir notamment Godelier, 1998, p. 23-24, et Bonnemère, 1998, p. 83-89, avec les autres exemples de pratiques et de représentations de la fabrication organique du corps, tirés d'autres communautés culturelles, qu'ont réunis Godelier & Panoff (éds), 1998.

que développe l'auteur hippocratique du traité consacré aux vents, aux eaux et aux lieux est significative de la perméabilité qui permet à l'organisme et au caractère de l'homme d'être marqués et modelés par l'exposition géographique et le climat de son habitat. Ainsi, dans une cité méridionale exposée aux vents chauds et disposant par conséquent d'eaux abondantes en surface et légèrement salées, les hommes ont la tête humide, dominée par le phlegme ; en correspondance le relâchement de leur constitution, qui manque de tonus, les empêche de manger et de boire à satiété, et l'humidité des cavités internes de leur organisme les rend sujets aux différentes maladies que peuvent provoquer des écoulements trop abondants. À l'opposé, les cités septentrionales qui sont exposées aux vents secs et froids soufflant du nord disposent d'eaux douces, dures et fraîches et, en correspondance, leurs habitants ont une constitution caractérisée par la tension et la sécheresse ; la dureté et la froideur de leur tête et de leurs cavités internes, dominées par la bile, rendent ces grands mangeurs plus résistants aux maladies tout en les exposant aux ruptures et aux affections aiguës.

Reportée sur l'axe est-ouest, cette première opposition permet d'organiser l'ensemble du monde habité en quatre quartiers délimités par les levers et couchers du soleil à chacun des solstices. Ces deux axes climatiques transversaux se recoupent en Ionie ; située sur la côte asiatique de la mer Égée, cette région hellénisée dispose de ce fait du climat le plus équilibré et la qualité de son sol fait des Grecs d'Asie des hommes sans doute moins pugnaces et belliqueux que les Hellènes du continent européen, mais des hommes plus grands, plus beaux et aux mœurs plus civilisées ! Indépendamment du rôle modérateur que, dans une deuxième partie du traité marquée par la simple opposition entre Asie et Europe, l'auteur attribue aux coutumes et aux lois (c'est-à-dire à l'acquis), est déterminant ici par le processus d'absorption respiratoire de souffles plus ou moins humides et chauds combinés avec l'ingestion des eaux locales et des produits du terroir. C'est par cet intermédiaire que la combinaison des qualités du chaud et du froid, de l'humide et du sec, caractérisant le climat de cités exposées à des vents d'orientation différente, se répercute sur la constitution physique des habitants ; les qualités physiques de l'environnement déterminent le mélange des quatre humeurs qui animent leur organisme tout en modelant leurs dispositions morales[1].

On retrouve des représentations anthropopoïétiques analogues de l'organisme humain, en particulier dans de nombreuses cultures amérindiennes. Parfois fondées sur la simple opposition entre le chaud et le froid, elles établissent une série d'homologies entre les qualités de l'environnement de l'homme, la nature de ses aliments végétaux et carnés, et la composition interne de sa constitution physique ; l'interaction et les interférences entre ces trois domaines permettent de rendre compte de l'équilibre nécessaire à la bonne santé[2].

De telles représentations de la constitution de l'être humain, en interaction perméable avec celle de son écologie, rendent compte, tout en les conditionnant, des interventions sur le corps d'une médecine compréhensive ; elles fondent à la fois la légitimité raisonnable et la matérialité pratique des interventions sur le corps d'une médecine traditionnelle. Qu'il s'agisse d'une médecine des simples, de prescriptions fondées

1. Hippocrate, *Airs, eaux, lieux* 3, 1-4, 3 ; 16, 1-2 et 23, 1-3. Voir à ce propos les explications données par Jouanna, 1996, p. 33-79, avec le commentaire de Sassi, 1988, p. 99-104, ainsi que Thomas, 2000, p. 86-98 et Calame, 2005, p. 252-264.
2. Voir les exemples donnés par Cardona, 1985, p. 67-78.

sur le régime alimentaire, de la réduction de fractures ou de véritables interventions chirurgicales, l'anthropologie organique grecque débouche sur une anthropopoiésis pratique.

L'auteur hippocratique du traité sur l'environnement précise bien que la connaissance des qualités des vents et des eaux en relation avec les qualités du sol, l'alternance des saisons et le régime alimentaires des habitants d'une cité particulière conduit aux maladies dont ils sont facilement les victimes ; cette indispensable connaissance environnementale est en définitive la condition du retour à la santé. Dans la plus pure tradition prométhéenne et en accord avec le sens étymologique du nom du héros qui « apprend d'avance », l'art du médecin, désigné en tant que *tékhne*, consiste à savoir à l'avance et à prévoir pour trouver le moment favorable et les moyens de l'intervention organique la plus adaptée[1] : lecture d'indices et de signes comme l'est aussi l'astronomie, la médecine hippocratique se définit comme un art de l'interprétation anthropopoiétique, à l'instar des arts pratiques inventés et défendus par Prométhée lui-même, sur la scène attique, à peu près à la même époque.

Avec des interventions plus ou moins invasives, applications et empreintes esthétiques sur le corps visent ainsi à donner à l'organisme humain une forme sensible et une consistance ; en se fondant implicitement sur une parfaite porosité entre extérieur et intérieur, elles finissent par déterminer les qualités morales ou par définir le statut social et symbolique de l'être humain. Par des actes qui sont interprétés et accomplis en termes métaphoriques et symboliques, l'être

1. Hippocrate, *Airs, eaux, lieux* I, 1-2, 3 ainsi que *Du pronostic* I ; cf. Jouanna, 1996, p. 251-258.

humain est transformé, en son corps même, en un individu au sein d'un groupe social et d'une communauté symbolique. D'organisme inachevé et plastique il est métamorphosé, par des gestes pratiques d'ordre culturel, en un être de civilisation. C'est pourquoi, en correspondance avec le modelage pratique et symbolique dont sa physiologie fait l'objet, l'être humain s'exprime et agit lui-même selon les modes organiques et culturels de l'anthropopoïésis. Marcel Mauss relevait déjà que le corps humain est « le premier et le plus naturel objet technique, et en même temps moyen technique de l'homme ». Façonnable à volonté, l'organisme humain est non seulement un instrument de la façon, mais il se prête aussi au modelage de ses fonctions ; de là des habitus et des modes de vie se réalisant dans la série des « techniques du corps » dont Mauss établit la taxinomie dès 1936[1]. Des techniques de la naissance aux figures de la danse, en passant par les modes alimentaires ou les positions dans les relations sexuelles, ces façons d'être et d'agir achèvent de faire de l'homme un être de culture.

Parmi ces expressions corporelles avec leur efficacité sociale, d'ordre aussi bien pratique que symbolique, les modes du façonnement de la voix tiennent une place privilégiée. Les contraintes que la tradition et donc la culture exercent sur une capacité phonatoire fondamentalement plastique semblent l'expression même de la contradiction qui traverse l'exercice des capacités « innées » du cerveau. Par exemple, l'apprentissage d'une langue et son exercice durant la première enfance, tout en donnant une forme et un dynamisme

---

1. Mauss, 1968, p. 368-386, dans un chapitre reprenant l'essentiel d'un article intitulé « Les techniques du corps » et paru dans le *Journal de Psychologie Normale et Pathologique* 32, 1936, p. 271-293 ; il est cité par Remotti, 2003b, p. 288-289.

créatifs à de simples potentialités, limite peu à peu l'exercice d'autres capacités phonatoires ; elle contraint à tel point les possibilités d'articulation de phonèmes qu'à l'âge adulte, l'usage d'une langue seconde reste toujours marqué, à différents degrés, par l'intonation de la première.

Il n'en reste pas moins que l'adulte garde en activité de nombreuses possibilités pour modeler sa propre voix et pour en faire l'expression esthétique de statuts sociaux ou de statuts de genre spécifiques. Que l'on songe aux différentes modalités de la diction rhétorique, en rapport avec les modes de l'*actio*, ou aux modulations mimétiques de la voix dans la représentation de rôles d'une action dramatique et théâtrale. Ainsi, au-delà d'un lexique, d'une syntaxe et d'une diction spécifiques, les modes phonatoires mêmes d'un usage linguistique, d'un discours en acte peuvent désigner le sexe, la fonction professionnelle, le statut social, l'obédience religieuse ou l'appartenance ethnique d'un sujet verbal[1]. La plasticité culturelle de l'homme est à l'œuvre en particulier dans les usages anthropopoïétiques du flux de la voix humaine constitué en paroles et en discours, aussi bien pour le plaisir que pour l'action.

Les pratiques identifiées par le concept opératoire et semifiguré de l'anthropopoïésis ne se limitent donc pas simplement à combler les lacunes et les insuffisances laissées par un inachèvement qui serait propre à l'homme, par une incomplétude supposée originaire et « naturelle ». À l'exemple des interventions plus ou moins invasives sur le corps même de l'être humain, elles semblent à la fois être suscitées par et être le produit d'une disponibilité et d'une plasticité constitutives : plasticité aussi bien organique que spirituelle, plasticité que l'état actuel

1. Exemples tirés de plusieurs communautés culturelles chez Cardona, 1976, p. 75-88.

de nos connaissances scientifiques assignerait au neuronal dans les infinies possibilités des contacts synaptiques[1] ; une plasticité qui est riche de ressources et de potentialités, une plasticité qui est synonyme de créativité esthétique, notamment dans l'ordre sémiotique du symbole, avec tout ce que la création culturelle comporte de tentatives fragiles, aléatoires, éphémères, risquées : créations de mondes possibles, créations de l'ordre du fictionnel comme en littérature, créations « poïétiques », au sens grec et étymologique du terme, mais dont les retombées pratiques peuvent avoir des conséquences délétères.

C'est ici que l'on rejoint ce qui fait l'essence même des *tékhnai* transmises aux hommes mortels par le Prométhée d'Eschyle. D'ordre sémiotique et interprétatif, ces arts de la lecture et de l'usage des signes de l'environnement, si créatifs soient-ils, exposent constamment l'homme au danger de l'*hûbris*. Ces pratiques herméneutiques lui font courir le risque de dépasser les limites qui lui sont assignées aussi bien dans l'ordre cosmique que dans le cadre civique ; tous deux sont garantis par Zeus et légitimés par la théologie grecque classique. Dans sa plasticité de mortel, l'homme reste fondamentalement imparfait.

Sans doute les possibilités créatives offertes par la fiction littéraire peuvent-elles, en apparence, fournir les moyens d'alimenter les fantasmes de la perfection et d'échapper ainsi au danger du franchissement des limites assignées, d'une manière ou d'une autre, à la mortalité de l'homme. Nombreuses ont donc été les tentatives de fabriquer, par les ressorts de la mise en intrigue discursive ou iconographique, un homme entièrement artificiel, un homme technique, fonctionnant de ce fait de manière autonome, en système fermé, un homme enfin achevé dans sa complétude. Du Golem de la littérature

1. Cf. *supra* § 2.2.

talmudique à la créature du Frankenstein de Mary Shelley en passant par Hermia modelée par son père Égée dans le *Songe d'une nuit d'été* de Shakespeare, les essais littéraires n'ont pas manqué de créer, par les moyens discursifs de la fiction poétique, un être humain organiquement enfin parfait : poupée automate imaginée dans son esthétisme par le narcissique Nathanaël dans le *Sandmann* de E. T. A. Hoffmann, ou future Ève, construite dans sa perfection physique et spirituelle par les différentes techniques photographiques et phonographiques contemporaines de l'inventeur et ingénieur américain Edison et du noble Lord Ewald, mis en scène par Villiers de l'Isle-Adam, pour ne prendre que ces deux exemples. Selon le probable modèle de la Pandôra hésiodique, ce sont essentiellement des femmes qui sont fabriquées, dans ces essais de science-fiction, par les arts techniques à la disposition d'un créateur humain ; celui-ci se substitue au Démiurge pour projeter dans sa créature anthropoïde ses fantasmes de perfection fonctionnelle et esthétique, sinon morale[1] : fantasmes littéraires, par le biais androcentrique de la femme idéale, de l'homme machine, de l'homme technique, de l'homme enfin lisse et sans faille, de l'homme créé par l'homme et par conséquent maîtrisé par lui.

Pour ces créatures traversées par le déterminisme technique de l'homme, l'histoire finit en général fort mal… Victime

1. Ces différentes figures littéraires de créatures anthropoïdes sont successivement analysées par Idel, 2003, p. 228-260, par Forsyth, 2003, p. 153-179 (en relation avec un Prométhée qui n'est explicitement mentionné que dans le titre du roman de Mary Shelley : *Frankenstein or The Modern Prometheus*), par Remotti, 2003, p. 279-280, et par Innerhofer, 2003, p. 273-280. Voir notamment E. T. A. Hoffmann, *Der Sandmann*, Berlin (Reimer) 1816, et Villiers de l'Isle Adam, *L'Ève future*, Paris (M. de Brunhoff), 1886, publié comme feuilleton dès 1880.

de fantasmes qui superposent au *Sandmann*, au marchand de sable hantant ses rêves d'enfant des figures d'êtres proches, le jeune Nathanaël de Hoffmann se détourne de la femme aimée pour s'éprendre d'une femme d'artifice, simple automate de bois ; après avoir été la Muse de la voix intérieure du jeune homme, la belle marionnette est disloquée par les figures de fantasme du poète amoureux et celui-ci finit par se suicider. Par ailleurs, façonnée à l'image de la belle et jeune actrice dont le riche et noble Lord est éperdument amoureux, la « nouvelle Ève » de Villiers de l'Isle Adam disparaît avec son modèle dans le naufrage du navire qui les conduisait en Angleterre ; incarnation de « l'Humanité idéale », considéré comme un « être d'outre-Humanité », ce fantôme photochromique, doué d'une âme et alimenté par un régime d'eau pure et de pastilles, s'était substitué à son paradigme pour entretenir la passion du lord anglais.

Il n'empêche que les perspectives ouvertes par le génie génétique d'interventions sur l'organisme même de l'être humain, ont largement réanimé ces représentations d'un homme à façonner par des moyens techniques entièrement maîtrisés par l'homme lui-même. Avec le clonage, les sciences du vivant ont pu reprendre à la fiction littéraire le fantasme d'interventions déterministes dans la fabrication organique de l'homme pour nourrir de nouvelles espérances anthropopoiétiques : reproduction de l'homme à l'identique et, par là, possibilité d'une forme d'immortalité. Mais qu'en est-il au juste, sur le plan épistémologique, de ces nouvelles possibilités technologiques d'autofrabrication de l'homme comme artéfact ? Quels sont les principes qui, en général par métaphores interposées, en fondent les prétentions scientifiques ? Dans quelle mesure l'interrogation comparative suscitée par la confrontation avec les arts techniques prométhéens est-elle susceptible, par le biais du concept d'anthropopoiésis, d'éclairer les enjeux épistémologiques et culturels du génie génétique appliqué à l'organisme de l'être humain ?

3. Anthropopoiésis
par le génie génétique :
déterminismes en question

Depuis le siècle des Lumières, l'homme est doué de raison. Il n'a plus besoin de l'aide d'un héros culturel et de ses arts techniques pour exploiter ses capacités « naturelles » et ses dispositions plastiques ; il n'a plus besoin des limites garanties par les dieux pour faire de lui-même un homme raisonnable, actif dans une communauté sociale de plus en plus civilisée. Dans la perspective d'une anthropopoiésis animée par le travail de la culture et de la raison, l'individu moderne s'invente par la pratique de techniques raffinées ; ces arts sont enseignés dans un cursus éducatif éventuellement supervisé par un créateur très abstrait. Implicite, cette perspective du développement de l'homme doué de raison domine encore le déploiement des savoirs technologiques ayant connu l'essor que l'on sait dans le grand mouvement d'industrialisation du XIXe puis du XXe siècle. À cet égard, personne ne niera les espoirs gigantesques, mais aussi les fantasmes les plus fous qu'au début du XXIᵉ siècle, le génie génétique continue de nourrir. Ces espoirs sont désormais alimentés par la pensée technologique des sociétés occidentales, elles-mêmes dominées par l'économisme et le productivisme du régime capitaliste néolibéral ainsi que par l'idéologie diffuse d'un postmodernisme relativiste.

Dans le retour réflexif opéré à ce propos, je n'entends pas offrir une comparaison directe entre, d'une part, la représentation prométhéenne grecque classique de l'homme qui est civilisé par l'exercice des arts appliqués et, d'autre part, la nouvelle conception de l'humain qu'esquissent la génétique et la génomique, sinon la protéomique appliquées à l'homme ; donc pas de confrontation directe entre la conception de l'homme mortel qui se dessine dans le *Prométhée* attribué à Eschyle et l'anthropologie impliquée par l'exercice du génie génétique avec les principes qui le fondent. Mais, appuyée sur le concept opératoire de l'anthropopoièsis, la référence à la procédure de création de l'homme civilisé par le biais des techniques prométhéennes devrait offrir un regard oblique et un point de vue de critique linguistique et anthropologique sur quelques-uns des grands principes épistémologiques du génie génétique appliqué à l'être humain ; plus exactement, c'est la posture comparative, adossée à une notion instrumentale susceptible de décentrer le regard et de le rendre critique, qui devrait servir de révélateur quant aux principes sous-jacents aux discours tenus autour des usages sur l'organisme humain du savoir-faire génétique. La pertinence du regard d'un profane dans le domaine des biosciences devrait donc être assurée par une démarche comparative fondée sur les compétences anthropologiques et linguistiques requises de l'approche moderne de la culture grecque antique ;

cette approche comparative sera animée par le concept opératoire de l'anthropopoiésis. Interrogation oblique et enquête critique porteront essentiellement sur trois dimensions constitutives des représentations que les biologistes nous donnent de l'application à l'être humain des connaissances les plus récentes en génie génétique, en particulier si on les envisage dans leurs conséquences anthropopoiétiques et culturelles :

— Premièrement, on évoquera la composante technique, fondée sur différentes formes de déterminisme, de l'épistémologie implicite du génie génétique appliqué à l'être humain ; les manipulations du génome humain semblent en effet relever d'un art appliqué, susceptible de transformer de manière durable l'organisme de l'homme, dans le sens d'une utilité normative.

— On abordera ensuite un premier groupe de métaphores pour s'interroger sur quelques-unes des conséquences de l'interaction d'un génome conçu comme patrimoine et comme programme avec le milieu vital et l'environnement culturel de l'être humain ; et on s'interrogera sur la pertinence de la distinction entre inné et acquis pour une anthropopoiésis fondée sur l'artifice, pour une fabrication technologique de l'être humain qui prétend en modifier la constitution congénitale.

— Enfin, on envisagera les principes épistémologiques impliqués par l'usage des très nombreuses métaphores que les biologistes et les médias empruntent aux domaines des sciences de la communication et des systèmes langagiers pour rendre compte, en particulier en ce qui concerne l'homme, du fonctionnement du génome et de la molécule d'ADN avec ses séquences biochimiques ; on s'interrogera sur la pertinence de ces métaphores quant aux prétentions thérapeutiques et épistémologiques des biotechnologies.

Le caractère sémiotique de biotechnologies fondées sur l'idée du déchiffrement d'un code et la nécessité de comprendre les métaphores empruntées au domaine des sciences du langage, dans un sens de pragmatique linguistique, nous ramèneront alors tout naturellement, dans un ultime chapitre, aux techniques herméneutiques que le Prométhée d'Eschyle se vante d'avoir transmis aux hommes mortels, avec leurs limites.

3.1. *Les techniques de l'ingénierie génétique : utilité*

En février 2001, les revues *Science* et *Nature* ont informé l'humanité alphabétisée et anglicisée que les 95 % du génome de l'homme avaient été « déchiffrés » ; ceci grâce au consortium international public « Human Genome Project » (dépendant de Hugo : Human Genome Project Organization) mis en concurrence avec le projet privé « Celera Genomics », tous deux d'origine états-unienne. Des scientifiques étaient désormais capables de « comprendre » la partie principale de la structure génétique de la grosse molécule de l'ADN. On sait en effet que, par l'intermédiaire des chromosomes, l'acide désoxyribonucléique est contenu dans le noyau de chaque cellule du corps humain pour en déterminer le développement[1]. Le modèle d'organisation en double hélice, attribué à

1. Voir The Genome Sequencing Consortium, 2001 et Venter 2001 ; à ce propos, cf. déjà Brown, 2000. L'histoire de la concurrence engagée entre secteur public et secteur privé par l'intermédiaire du Projet génome humain d'une part et de Celera Genomics de l'autre est retracée par Watson & Berry, 2003, p. 181-209. Les enjeux fondant l'entreprise de Celera

la structure de l'ADN, fut imaginé par Crick et Watson sur la base d'observations de chromosomes humains au microscope électronique ; s'y ajoutèrent des données quant à la diffraction de rayons X combinées avec des données de biochimie. L'invention s'inscrit donc dans la plus pure tradition scientifique d'interaction entre, d'une part, l'élaboration de modèles dont l'élégance est présentée comme une garantie de vraisemblance et, d'autre part, l'observation réactive par l'intermédiaire des instruments les plus pénétrants et les plus raffinés. L'agencement hélicoïdal apparut dans sa simplicité comme la figure la plus susceptible d'illustrer la succession et l'appariement dans la grosse molécule d'ADN des quatre bases chimiques qui la constituent : l'adénine (A), la thymine (T), la guanine (G), la cytosine (C).

À partir de la figure présentée dans la célèbre page offerte par *Nature* le 25 avril 1953, on passa ensuite du modèle géométrique statique de la double hélice au concept dynamique du code ; il s'agissait de rendre compte du fonctionnement de la structure ainsi figurée et explicitée[1]. Représentant les quatre lettres d'un alphabet, les quatre composants de base

Genomics, dirigée par le remuant Craig Venter, sont illustrés par les fonctions des trois sociétés dont le projet est issu : The Institute for Genomic Research (TIGR) pour la recherche et la production des séquences d'ADN, Human Genome Sciences (HGS) pour la commercialisation des résultats et finalement le groupe pharmaceutique britannique SmithKline Beecham pour le financement du projet, en échange de l'exclusivité des droits commerciaux…

1. Watson & Crick, 1953. Toute la procédure de fabrication de la molécule d'ADN dans sa structure bi-hélicoïdale est décrite sur un mode autobiographique par Watson & Berry, 2003 : 51-77, dans un chapitre intitulé « La double hélice, ou la vie révélée » ! Par ailleurs, on trouvera chez Relethford, 1997, p. 29-39, un exposé très pédagogique de la production des protéines à partir de la structure de l'ADN ; cf. encore infra, page 118, note 1.

sont organisés en triplets ; se succédant en chaîne dans l'organisation hélicoïdale de la molécule d'ADN, les différentes combinaisons que présentent ces groupes de trois bases chimiques ou nucléotides sont « transcrites », et donc réorganisées, dans et par l'acide ribonucléique. Au cours du passage du noyau cellulaire au cytoplasme où il est « exporté », l'ARN fonctionne comme un « messager », dans un rôle dont de nouvelles connaissances viennent de souligner la complexité et l'importance (on va y revenir) ; en tant qu'ARN, l'ADN est alors « traduit » en séquences d'acides aminés dans les protéines. Organisations d'acides aminés en configurations complexes, les protéines sont les molécules qui constituent le principe actif de la vie.

Il a donc fallu près de cinquante ans pour que l'on parvienne à mettre en forme et donc à manipuler les molécules d'ADN par la technique de l'ADN recombinant ; cinquante ans pour que l'on parvienne de plus à « cartographier », par les techniques du séquençage, les trois milliards de paires de bases A, T, G et C constituant dans leurs combinaisons en triplets et dans leurs différentes séquences le génome humain, lui-même décomposé dans les sections d'ADN identifiées en tant que gènes. Pour certains, cette cartographie par séquençage signifiait une nouvelle découverte de l'Amérique ; pour d'autres, il s'agissait de l'aboutissement d'un simple « *do it yourself* » (DIY) de bricoleurs. Quoi qu'il en soit, exactement cinquante après la parution de l'article de *Nature*, Watson n'hésite pas à déclarer que, dès 1953, la découverte de la double hélice « transporta la révolution des Lumières et de la pensée rationaliste au cœur de la cellule »[1].

1. Voir à ce propos le débat entre Dubochet et Pichot, 2001, p. 42-45. Cf. Watson & Berry, 2003, p. 14-15, pour la citation.

Une chose est certaine. Pendant que les Français s'enthousiasment pour le « génie génétique », les Anglo-Saxons pratiquent le « *genetic engineering* » et les Allemands parlent simplement de « *Gentechnik* » ! Au-delà d'une conception qui renvoie au travail de l'ingénierie et par conséquent à la fabrication industrielle d'ouvrages d'art, la lecture et le travail de déchiffrement du génome humain s'appuient à vrai dire sur des méthodes expérimentales éprouvées : observation à l'aide d'instruments de haute technologie, fabrication de données et élaboration de modèles au moyen d'outils informatiques particulièrement puissants. Par le recours à la méthode dite « du séquençage aléatoire global », le projet de séquencer l'ensemble du génome humain requit l'acquisition, par le projet privé de Celera Genomics, non seulement de trois cents machines de séquençage, mais aussi d'un équipement informatique qui pouvait pratiquement rivaliser avec celui du Pentagone... Ainsi, en combinaison avec une machinerie informatique extrêmement puissante et coûteuse, le développement de l'instrumentation technique en physique joua un rôle central dans l'application de méthodes relevant d'une biologie quantitative et « invasive » qui permet d'introduire des perturbations destinées à faire réagir le complexe observé. Essentiellement basées sur l'observation et sur la manipulation, ces méthodes empiriques et statistiques expliquent pourquoi les connaissances concernant le génome relèvent en général de la technique dans sa version technologique la plus puissante et la plus sophistiquée : une ingénierie génétique avec la perspective fabricatrice et productiviste qu'implique le terme *génie* dans son acception industrielle et technologique.

En tant que savoir technique et appliqué faisant appel aux capacités d'invention artisanale de l'homme, l'ingénierie génétique est fondée sur une conception de la production du savoir et de l'exploitation des connaissances pratiques qui n'est en somme pas très éloignée des représentations soustendant les *tékhnai* dont Prométhée se vantait d'avoir gratifié les mortels, en dépit de la colère de Zeus. Il s'agit toujours d'observer et d'interpréter les indices et signes offerts par l'environnement ou par l'organisme de l'homme pour les configurer en systèmes sémiotiques et pour en exploiter les ressources dans le sens d'une anthropopoïésis civilisatrice. Observation et interprétation disposent désormais de moyens technologiques et de méthodes mathématiques et expérimentales qui permettent non seulement de pénétrer la structure physique et chimique des organismes, mais aussi de modifier et de manipuler leur structure jusqu'au niveau du vivant. *Mekhanémata* et *sophísmata* qui sont aussi des *ophelémata* ; expédients techniques et raffinements artisanaux qui sont aussi des sources de profit. Mais s'agit-il de profit civilisateur et social, sinon civique, au sens prométhéen du terme ?

Il n'y a assurément aucune surprise à voir les partisans les plus chauds de la recherche en génie génétique appliquée à l'homme légitimer les budgets considérables qu'elle implique, en faisant valoir les futurs développements et usages de la nouvelle *tékhne*, en particulier dans le domaine thérapeutique. On ne saurait exclure la possibilité, dans un futur relativement proche, d'un diagnostic fondé sur l'identification d'un gène « anormal ». Dans une seconde phase, on pourrait espérer la réalisation pour le genre humain des thérapies génétiques que rendrait possibles la production de protéines différentes par la manipulation et la modification d'un gène. Dans une telle perspective médicale, le génome humain peut apparaître comme une source de connaissances et comme un instrument particulièrement efficace de l'art (appliqué) du médecin. On a signalé que, selon Eschyle, Prométhée avait aussi enseigné aux hommes mortels comment produire les mélanges équilibrés pour la production de médicaments (*kráseis epíon akesmáton*, vers 482) dans leurs combats contre la maladie ; avant l'enseignement dispensé par le héros culturel, les hommes ignoraient précisément tout de cette science empirique des remèdes (*phármaka*). En vantant l'usage équilibré d'un savoir technique, la tragédie d'Eschyle s'inscrit dans la grande tradition delphique de la juste mesure. De cet emploi correct et mesuré d'un art appliqué dépend l'utilité d'une connaissance pratique.

Dans une telle perspective, les futurs usages thérapeutiques de la manipulation génétique semblent susceptibles de donner au travail sur le génome humain une sorte de légitimité morale. Mais la perspective d'interventions génétiques d'ordre thérapeutique soulève à nouveau une question portant sur une limite, celle qu'il convient de tracer dans le cas particulier entre le pathologique et le normal. Jusqu'où est-il possible d'intervenir dans la « nature » et sur le statut individuels et collectifs de l'être humain ? Dans quelle mesure est-il légitime de modifier biologiquement l'organisme humain ? Quels sont les critères organiques de la normalité, et par conséquent de la santé ? Comment peut-on délimiter et fixer ce que pourrait être une condition humaine moyenne permettant de définir une norme médicale ?

Tout récemment, en s'interrogeant sur les aspects sélectifs du diagnostic préimplantatoire, l'épistémologue helvète Mark Hunyadi a montré combien était poreuse la frontière entre un eugénisme négatif et un eugénisme positif ; entre un eugénisme thérapeutique visant à éviter la création d'un embryon et la naissance d'un enfant génétiquement promis à un avenir lourdement handicapé, et un eugénisme « mélioriste » guidé par l'hypothèse de la conformation d'un génome idéal, sinon par la tentation d'intervenir sur ce génome pour en modifier les potentialités selon une représentation normative. Le philosophe Jürgen Habernas affirme notamment à ce propos : « Ce type de contrôle de qualité délibéré introduit un nouvel aspect – l'instrumentalisation d'une vie, créée sous conditions, en fonction des préférences et des orientations axiologiques d'un tiers. La décision de sélection est guidée par la configuration désirée du génome[1]. »

Le risque est donc de passer d'une sélection négative à une sélection positive, selon des critères marqués par une certaine relativité ; ceux-ci relèvent en effet non seulement de la communauté éthique dans laquelle s'insère la pratique préimplantatoire, mais ils dépendent aussi des contraintes exercées par le cadre économique rendant possible une telle pratique. La nouvelle technologie semble susceptible d'intervenir sur la « nature » de l'homme et de modifier la condition humaine dans la direction d'une certaine utilité sociale ou selon les critères de pratiques médicales socialement et économiquement acceptées ; son emploi pose à nouveau la question des limites à assigner au développement et aux conséquences d'une activité technique appliquée par l'homme à l'homme, dans un contexte social et culturel repéré dans l'espace et dans le temps.

1. Hunyadi, 2004, p. 102-120, ainsi que, sur la limite difficile à définir entre « *treatment* » (traitement) et « *enhancement* » (amélioration) dans la thérapie génétique, Buchanan, Brock, Daniels, Wikler, 2000, p. 104-155 ; cf. Habermas, 2002, p. 31-37 et 49-54.

Quoi qu'il en soit, qu'il s'agisse de la chorée de Huntington, du déficit immunitaire sévère ou de la myopathie de Duchenne, le repérage génétique sûr ne concerne pour l'instant que des affections rares. Et au-delà d'un diagnostic génétique assuré, aucune thérapie génique n'a pu être développée, à ce jour, qui n'ait conduit à l'échec ou à des effets secondaires imprévisibles et délétères. En admettant que l'on parvienne dans un futur pas trop éloigné à en maîtriser les processus, les thérapies géniques requièrent une recherche si développée et une instrumentation si sophistiquées qu'à moins d'opérations de bienfaisance forcément limitées, elles ne pourront sans doute jamais s'adresser qu'aux malades bénéficiant des niches économiques et médicales les plus privilégiées, dans les sociétés occidentales néo-capitalistes. S'y ajoute la question des brevets qui assure le monopole de thérapies extrêmement coûteuses aux entreprises multinationales de l'industrie biochimique et pharmaceutique occidentale.

Réservée à des cas individuels assortis d'une situation financière particulièrement favorable, est-ce bien là la médecine qu'il faut souhaiter pour une humanité à qui le président de la nation économiquement et idéologiquement la plus puissante de la planète a promis une augmentation considérable et globale de son « pouvoir de guérir »[1] ? Est-ce bien là l'intérêt utilitaire universel d'une technologie dont l'extrême

1. Cf. *supra*, p. 18, note 1 ; à propos du caractère encore très incertain des thérapies géniques, voir Lambert, 2003, p. 171-180 et 213-223, dans un ouvrage critique dont je n'ai eu connaissance qu'à l'issue d'une première rédaction du présent essai et qui aboutit à la conclusion suivante : « Le caractère aléatoire des manipulations de biologie moléculaire sur les êtres vivants, leur taux d'échec élevé, en disent long sur les ambiguïtés de la méthode et les difficultés de la technique [...]. La biologie moléculaire identifie, elle ne soigne pas. »

sophistication devrait donner à l'homme la possibilité d'intervenir de manière anthropopoiétique sur son propre organisme, dans son organisation biochimique la plus profonde, la plus déterminante et la plus vitale ? Par marchandisation interposée, on est désormais évidemment très loin des remèdes aux mélanges apaisants que Prométhée destinait à l'ensemble des êtres humains pour « se défendre contre toutes les maladies »…

3.2. *Entre nature et artifice, une fabrication déterministe de l'humain ?*

Mais ce que Prométhée a donné aux mortels en guise de *tékhnai* et de *mekhanémata*, comme moyens techniques et comme ressources pratiques pour se construire eux-mêmes comme animaux de culture, ce sont avant tout des systèmes de signes, des ensembles de *sémata*. Parmi ces indices, les uns sont à repérer et à identifier dans un environnement qui devient signifiant pour l'être humain et qui, soumis à l'habileté herméneutique accordée par Prométhée, fournit aux hommes les moyens d'activités productrices ; ainsi en va-t-il par exemple des indices et repérages quant au mouvement des astres qui permet l'organisation des travaux agricoles. D'autres sont d'emblée institués en systèmes autonomes ; ils sont de ce fait non seulement offerts à la lecture interprétative de l'homme, mais aussi à sa faculté de manipuler et de créer ; tels sont par exemple les *grámmata*, les signes de l'écriture alphabétique, instrument de la mémoire poétique. Assortis d'un savoir-faire d'ordre interprétatif, ces systèmes de signes permettent aux hommes à la fois d'interagir et de se créer eux-mêmes en relation avec un monde environnant que nous concevons quant à nous comme « nature », mais également en collaboration avec les dieux qui animent cet environnement « naturel ». Rendue possible par différents arts techniques à fondement sémiotique, cette interaction entre la « nature » et la « culture » – entre *phúsis* et *nómos*, auraient dit les sophistes du Ve siècle – nous renvoie, du point de vue du développement phylogénétique et ontogénétique de l'homme, à la relation dialectique entre l'inné et l'acquis, entre ce qui nous apparaît comme naturel et ce qui nous semble artificiel. Comme on l'a déjà indiqué à propos de la question de la plasticité anthropopoiétique du cerveau humain, cette distinction classique risque désormais de perdre de sa pertinence, sinon de devenir caduque.

Ainsi, avant de nous affronter aux analogies que les biotechniciens ont empruntées aux systèmes langagiers pour rendre compte du génie génétique, il convient de remarquer que l'une des métaphores les plus fréquemment utilisées pour aborder (par la bande) la question de l'inné et de l'acquis dans les représentations du génome humain est celle du « patrimoine génétique ». Par la référence au père et à l'ascendance patrilinéaire, l'image est d'emblée connotée et orientée, introduisant dans la pensée du génome humain une perspective implicitement androcentrée !

Saisi comme héritage « paternel », le patrimoine génétique serait donc composé des différents gènes liés les uns aux autres dans la molécule d'ADN et dans ses séquences constitutives, selon les différentes formes et combinaisons que l'on a évoquées. Or le profane devrait avoir désormais compris que le noyau de chaque cellule constitutive du corps humain est censé contenir le patrimoine qui est constitué au moment même de la fertilisation sexuée par l'appariement des 46 chromosomes de la mère et du père biologiques (22 chromosomes

+ un chromosome sexuel X pour la femme, 22 chromosomes + un X ou un Y pour l'homme). Contenant une seule double hélice d'ADN dans une séquence extrêmement étendue, chaque chromosome comporte entre 40 et 300 millions de paires de bases (du chromosome 22 au chromosome 1). Au total : un peu plus de trois milliards de paires de base pour l'*homo sapiens*. Mais dans cet assemblage combinatoire impressionnant, les séquences codantes identifiées en tant que gènes ne sont pour l'homme qu'au nombre de 20.000 à 25.000 : un « patrimoine génétique » du même ordre de grandeur que celui du chimpanzé ou de la vache – vient-on d'apprendre –, mais moins important que celui du poisson-globe takifugu et à peine le double de celui du moustique… Il faut ajouter que les gènes ne représentent à vrai dire que 5 % de la substance de l'ADN ; ou, plus exactement, dans les cellules supérieures la partie codante de l'ADN ne représente que 1, 5 % de l'ensemble de l'ADN. Ainsi seuls 2 % du génome humain – le génome « protéique » – contribuent à la production de protéines par copie en ARN et par « codage » interposés. Pour l'instant, nous ne savons que fort peu de chose soit sur des longs segments qui se trouvent entre les gènes, soit sur les segments « superflus » qui se trouvent en tant qu'« introns » à l'intérieur des gènes eux-mêmes. Pour les biologistes, le reste de la molécule d'ADN, « non codant », n'est pour l'instant que du « *junk* »[1]… Si les médias ont pu annoncer à grand

1. Sur ces données, cf. Kupiec & Sonigo, 2000, p. 85-128, ainsi que Watson & Berry, 2003, p. 211-220, qui en tirent la conclusion suivante : « L'une des leçons d'humilité que nous donna le Projet génome humain tient à ce qu'il nous révéla à quel point notre ignorance sur les fonctions de la plupart des gènes humains est grande. » « Tout l'ADN "poubelle" n'est pas bon à jeter » titrait néanmoins *Le Monde* du 4 octobre 2003, p. 26, en faisant allusion aux travaux de l'équipe genevoise de Stylianos Antonarakis sur les

fracas que désormais les séquences du génome humain étaient entièrement « déchiffrées », cela signifie en fait que les micro-biologistes n'ont su faire apparaître qu'une partie minime de notre « patrimoine génétique » !

Mais revenons précisément à la métaphore du patrimoine. Par le biais de l'héritage, l'image signifie qu'on suppose impli-citement que notre génome individuel est essentiellement de l'ordre de l'inné, et non pas de l'acquis. Avec ses différentes variations morphologiques et ses combinaisons individuelles de gènes, le génome constituerait la base de la « nature » de chaque être humain ; il représenterait le fondement de la *phúsis* de l'homme, au sens étymologique du terme (un dérivé de *phúesthai*, « naître »). Néanmoins, les interventions dans la morphologie et dans les combinaisons des gènes de l'homme, c'est-à-dire la manipulation génétique, impliquent non seule-ment que l'homme est désormais susceptible de modifier la nature de ses congénères et, dans cette mesure, leur hérédité génétique ; à vrai dire, les différentes interventions médicales ou symboliques sur le corps que nous avons évoquées dans les pratiques anthropopoïétiques du corps, avec le tatouage, la coupe des cheveux, la perforation, la circoncision et l'excision, ou les interventions de chirurgie (notamment esthétique !) ont toujours entraîné des modifications plus ou moins permanen-tes dans la « nature » de l'individu[1].

Mais, si la métaphore du patrimoine est organiquement pertinente, cela signifie aussi que la nature modifiée d'un

2 % de séquences « non codantes », mais qui se conservent d'une espèce de mammifère à l'autre. En 2004, un peu plus de 21.000 gènes humains faisaient l'objet d'une description précise : cf. *http://biology.plosjournals.org.* À ce propos, voir encore Lambert, 2003, p. 22-28.

1. Cf. *supra* § 3. 2.

individu est désormais transmissible, qu'elle peut devenir héréditaire. Il s'agirait là de l'un des apports décisifs de la manipulation génétique appliquée à l'être humain. Il serait dès lors possible d'avoir une influence durable, voire définitive, au-delà d'une simple génération, sur la composition organique et sur les qualités propres de la constitution humaine. Avec la possibilité de modifier le génome s'ouvre la perspective d'une fabrication à façon de l'être humain par l'homme lui-même. Si l'on reconnaîtra volontiers qu'« en reculant les frontières de ce qui valait comme donné, qui était encore hors de portée de notre pouvoir instrumental, la génomique a fait de la nature humaine sinon un objet à façonner, du moins un objet façonnable »[1], la grande nouveauté des perspectives ouvertes par l'ingénierie génétique appliquée à l'homme résiderait dans la probable permanence des modifications apportées à l'humaine nature dans sa plasticité, au-delà d'une simple génération.

Sans doute a-t-on déjà pu montrer que l'idée de la transmission génétique des caractères organiques et moraux de l'homme était sur le point de modifier profondément nos représentations et nos pratiques des relations de parenté. Désormais, les relations filiales risquent d'être envisagées uniquement dans le sens du caractère nécessaire et inéluctable des traits physiques et moraux censés être transmis par l'héritage génétique. Néanmoins, si la nécessité attachée à l'héritage génétique est susceptible d'engendrer un fatalisme destructif quant à la sociabilité entretenue par les relations de parenté, si les espoirs nourris par les thérapies génétiques peuvent avoir pour corollaire une véritable « médicalisation »

1. Hunyadi, 2004, p. 37.

de la famille[1], la perspective de manipulations du génome humain repose surtout la question de la réorientation volontaire et programmée de la base organique de ces relations « patrimoniales » ! Selon quels critères ? avec quelles intentions ? avec quels effets sociaux et éthiques ?

À dire vrai, sans remonter exactement jusqu'aux arts techniques inventés par le Prométhée d'Eschyle, les Grecs de l'époque classique avaient déjà envisagé cette possibilité d'interventions définitives et durables sur l'organisme humain. Dans le traité consacré à l'influence de l'environnement sur la constitution des hommes, que l'on a déjà cité à propos de la perméabilité de la nature organique des humains, l'un des médecins de l'école hippocratique affirmait qu'une intervention régulière sur le corps était susceptible d'inscrire dans la nature même d'une communauté humaine un trait morphologique spécifique. Dès lors, la qualité induite par l'usage commun appartient à la *phúsis* de cette communauté humaine et, en tant que telle, elle devient un trait transmissible. Ainsi en va-t-il par exemple d'un trait distinctif des Macrocéphales qui vivent dans le Nord de l'Asie :

> Il n'existe aucun autre peuple qui ait une tête semblable à la leur. À l'origine, c'est la coutume (*nómos*) qui était la cause principale de la forme allongée de leur tête ; mais à présent, la nature (*phúsis*) aussi apporte son concours à la coutume [...]. Voici ce qu'il en est de la coutume : dès que l'enfant est né, alors que sa tête est encore tendre puisque son corps est mou, ils la façonnent avec les mains et la contraignent à croître en longueur en y appliquant une bande et des appareils (*tekhnémata*) appropriés [...].

1. Voir en particulier Finkler, 2001, p. 244-249, avec une abondante bibliographie anglo-saxonne sur le débat à ce propos.

Mais avec le temps, cette forme est passée dans la nature, si bien que la coutume cessa d'exercer sa contrainte. Si donc de parents chauves naissent des enfants chauves […], et si le raisonnement (*lógos*) est le même pour le reste de l'aspect physique, qu'est-ce qui empêche que d'un macrocéphale naisse aussi un macrocéphale[1] ?

Ainsi c'est le *nómos* qui devient *phúsis*, c'est la coutume qui devient constitution naturelle. Pensé ici dans un cadre collectif et non pas individuel, l'acquis devient inné, et par conséquent transmissible. Mais pour l'auteur hippocratique, ce passage de la coutume à la nature n'est attesté qu'auprès d'un peuple étranger, un peuple des confins. Apparemment, une telle pratique ne saurait être attribuée à l'une des communautés grecques. Par analogie, la perspective de donner une réalité organique (par l'intermédiaire de la métaphore du patrimoine génétique…) à la transmission de caractères introduits par le biais de la manipulation génétique revient à nous situer, nous aussi, sur une nouvelle frontière !

Par ailleurs, la métaphore du patrimoine génétique s'accompagne souvent, dans la représentation du fonctionnement du génome de l'homme, de celle d'un programme ; tout se passe alors comme si l'hérédité génétique de chaque individu pouvait se réduire au programme du développement et de la carrière biochimique de son organisme. Épistémologiquement, l'image du programme implique à la fois développement selon un certain plan et accomplissement selon un schéma connu ; cette notion figurée implique à la fois déterminisme et prévisibilité. On aura à revenir

1. Hippocrate, *Airs, eaux, lieux* 14, 2-4 (trad. J. Jouanna) ; voir, à propos de ce passage, le commentaire de Jouanna, 1996, p. 304-307.

longuement sur ce point à propos des métaphores que le génie génétique emprunte au domaine des langues et des sciences du langage.

Pour l'instant, dans la perspective d'une éventuelle programmation génétique, on remarquera que certaines parmi les protéines qui sont issues de la conversion de l'ADN par le biais de l'ARN messager ont, en tant que molécules actives de la vie, une influence plutôt limitée sur l'organisme, tendant à des conséquences dont l'efficacité nous échappe encore. Cela signifie qu'il est difficile de prévoir exactement l'action de ces produits des gènes que sont les protéines, séquences d'acides aminés. Ainsi la manipulation génétique semble échapper à la logique du « telle cause, tel effet » que semble indiquer la notion de programme ; elle ne se soumet pas entièrement au déterminisme empirique que présuppose le discours sur son fonctionnement.

À cette marge d'incertitude propre au comportement et aux fonctions des protéines s'ajoute le fait que les plus ouverts parmi les biologistes admettent depuis longtemps que la vie, et plus particulièrement la vie humaine, se développe en étroite interaction avec son environnement. Réfléchissant dans les années soixante sur la « logique du vivant », François Jacob envisageait déjà l'organisme vivant comme le lieu d'un constant échange avec le milieu ambiant, sous la forme d'un triple flux : matière, énergie, information. Ardent défenseur de l'existence d'un programme génétique qu'il s'imaginait comme particulièrement souple en ce qui concerne l'être humain, le biologiste français montrait néanmoins la nécessité de distinguer, par rapport à l'environnement externe, un milieu intérieur ; celui-ci fonctionnerait comme intermédiaire régulateur entre le contexte extérieur et l'organisme cellulaire[1]. Par ailleurs, en 1994 déjà, le spécialiste étatsunien en biologie moléculaire Richard Strohman déclarait : « Les règles qui président à la régulation physiologique et aux différents degrés d'organisation des cellules ne se trouvent pas dans le génome, mais dans les réseaux épigénétiques interactifs qui organisent la réponse du génome aux signes de l'environnement[2]. »

Il semble enfin qu'on puisse désormais montrer que les processus de transformation et de « traduction » des molécules d'ADN en protéines par l'intermédiaire de la « transcription » en ARN varient avec le temps ; c'est dire que la notion de la plasticité s'applique aussi aux modes de l'expression des gènes[3]. Ainsi, non seulement l'influence organique des gènes et de leurs dérivés ne saurait être pensée en termes déterministes de prédictibilité, mais leurs effets dépendent largement de l'environnement interne et externe de leur champ d'action. La conséquence en est que la transmission de gènes modifiés et que la reproduction du même par le même ne sont que théoriquement possibles. La reproduction à l'identique par le clonage d'un animal, sinon d'un être humain relève à l'évidence du pur phantasme.

Exit donc le « tout génétique » avec la pensée déterministe qui le sous-tend. Désormais la biologie moléculaire ne peut plus se fonder uniquement sur le déchiffrement du génome et sur les mécanismes de synthèse des protéines pour rendre compte du fonctionnement cellulaire et moléculaire de l'organisme vivant. Au nom des facteurs épigénétiques et au nom de

1. Jacob, 1970, p. 203-207 et 329-340 ; voir aussi Remotti, 2003, p. 36-40.
2. Strohman, 1994, p. 163, cité par Testart, 1999, p. 38.
3. Voir les références données à ce propos par Ansermet & Magistretti, 2004, p. 76-78.

la complexité, le même Strohman a dénoncé, il y a désormais plus de dix ans, le dogme du déterminisme génétique. Issu du modèle élaboré par Watson et Crick, ce dogme a marqué de manière persistante le changement de paradigme scientifique impliqué, dans l'une de ces révolutions décrites par Thomas Kuhn, par la découverte de la dimension génétique de la molécule d'ADN et de l'organisation qui en découle. Cette *doxa* entretient encore des préjugés tenaces dans l'opinion publique. Interviewé dans une revue de vulgarisation philosophique sur le caractère génétique, et par conséquent « inné », de certains comportements (parmi lesquels figurent, pêle-mêle, la pédophilie, le suicide des adolescents, le cancer des poumons), le Président Nicolas Sarkozy n'hésitait pas à répondre récemment encore : « Il y a 1.200 ou 1.300 jeunes qui se suicident en France chaque année, ce n'est pas parce que leurs parents s'en sont mal occupés ! Mais parce que génétiquement ils avaient une fragilité, une douleur préalable. Prenez les fumeurs : certains développent un cancer, d'autres non. Les premiers ont une faiblesse physiologique héréditaire. Les circonstances ne font pas tout, la part de l'inné est immense[1]. »

Encore s'agit-il de savoir dans quel sens est envisagée la relation entre gènes et environnement, entre l'organique et le social. Au-delà des abus, déjà largement dénoncés, d'une sociobiologie qui envisage dans les termes d'une simple relation de cause à effet la détermination par le patrimoine génétique des comportements individuels et sociaux de l'homme, la psychologie comportementale anglo-saxonne s'est largement

1. Strohman, 1997, p. 196-199, commenté par Atlan, 1999, p. 16-18, qui intitule lui-même son ouvrage critique *La Fin du « tout génétique »?* Puis Nicolas Sarkozy dans *Philosophie. Magazine* 8, avril 2007 (dans un entretien conduit par Michel Onfray).

posé la question de savoir de quels facteurs – biologiques ou environnementaux, génétiques ou sociaux, innés ou acquis – dépendaient dispositions et actions de l'individu. Dans un cadre encore largement marqué par le déterminisme du béhaviorisme américain, les psychologues du comportement distinguent désormais trois niveaux différents dans les relations qui semblent se dessiner entre le génotype de l'homme, dans son développement individuel, et l'environnement : avec la corrélation passive qu'implique un héritage génétique conçu dans les termes d'une action très déterministe et univoque se combinerait non seulement une relation évocatrice, dans la mesure où les individus sollicitent, par leurs prédispositions génétiques, des incitations appropriées de la part de leur milieu familial et social ; mais s'y ajouterait aussi une corrélation dite active, à la faveur de laquelle les individus créent un environnement propice à leurs « penchants génétiques ». Il y aurait donc chez l'enfant de l'homme, en particulier du point de vue de ses traits psychologiques, une certaine sensibilité, une certaine prédisposition génétique à des environnements qui ne feraient en retour que renforcer et développer dans le phénotype les dispositions innées et héritées par le biais du génotype[1]. À la faveur de cette interaction, le patrimoine est devenu « programme génétique ».

Par la comparaison empirique notamment entre des enfants éduqués par leur mère et leur père biologiques ou, au

---

1. Voir en particulier Plomin *et al.*, 1999, p. 344-363, qui, sans exclure l'existence de gènes associés à certains comportements, parlent avec une certaine prudence d'« héritabilité de l'alcoolisme » ou de « dispositions génétiques ». Sur les abus de la sociobiologie, voir par exemple Alcock, 2001, p. 41-56, qui dénonce en tant que mythe le déterminisme génétique pour expliquer le comportement social.

contraire, par des parents adoptifs, également par la prise en considération du développement psychologique de jumeaux univitellins éduqués dans le même milieu ou dans des environnements familiaux différenciés, l'influence du milieu sur les potentialités de l'héritage génétique apparaît comme une interface où l'inné contribue à constituer l'acquis et où l'acquis à son tour s'emploie à développer l'inné ; avec le supplément interactionnel suivant : par l'influence que peuvent avoir les parents biologiques, c'est aussi le génétique qui est appelé à déterminer et à développer les capacités et attitudes génétiquement héritées chez le jeune enfant ! Si l'on ajoute que les conditions de l'enquête elle-même conditionnent les comportements observés, on inscrira ces interactions sophistiquées entre « programme génétique » inné et environnement polymorphe déterminant l'acquis dans une variance et une diversité si complexes qu'elles semblent rendre impossibles pour l'homme la formulation de toute règle et par conséquent toute prédictibilité du comportement.

Or, du point de vue anthropopoiétique adopté ici, cette conclusion appelle encore deux remarques.

D'une part, comme l'a affirmé récemment le bio-physicien français Henri Atlan, la métaphore du « programme génétique » est sans doute aussi trompeuse et peu pertinente que celle du « patrimoine »[1]. Même l'expérience faite avec feue Dolly semble montrer que le développement d'une cellule et sa division dépendent non seulement du « programme génétique » contenu ou introduit dans le noyau, mais aussi d'éléments programmatiques qui se situent dans le cytoplasme. Par ailleurs, la séquence « ADN et donc gènes – ARN et donc copies – protéines avec leurs fonctions » ne saurait être envisagée dans

1. Atlan, 2000, p. 22 ; voir aussi Arber, 2001, p. 97-101.

les termes d'une chaîne causale ; il s'avère en effet que les facteurs épigénétiques ont un effet rétroactif sur les différents éléments constituant cette séquence. L'ordre de détermination n'est pas causal, mais il est interactif. Quant aux molécules d'ADN elles-mêmes, elles se caractérisent par une certaine multi-fonctionnalité, par des séquences répétitives et non-codantes, par la complexité des relations entre structure du génome et expression des gènes[1]. Ainsi, sans parler de l'influence de l'environnement global, le paradigme du déterminisme causal impliqué par le concept du programme, avec la prévisibilité qu'il implique, n'est pas pertinent pour rendre compte du fonctionnement du génome ; pas plus qu'il n'est pertinent pour expliquer le développement interne de la cellule.

Telles sont les raisons pour lesquelles Atlan non seulement réfute l'idée de l'existence d'un patrimoine génétique qui contiendrait « l'essence de la vie », mais rejette aussi la métaphore du « programme », empruntée au domaine de l'informatique. Pas de logique binaire, donc, pour rendre compte des fonctions du génome humain, pas de langage binaire pour exprimer et modifier la vie dans son essence. Si l'on tient à la métaphore informatique, il conviendrait de retenir éventuellement celle des « données », des données qui seraient traitées par la machinerie cellulaire ; la configuration de la cellule jouerait alors le rôle d'un programme distribué, ou, par analogie avec la théorie des algorithmes, celui d'un « interpréteur ». On est donc renvoyé à un modèle systémique, voire mathématique et algorithmique, beaucoup plus complexe que la simple chaîne causale envisagée par Crick et Watson, et leurs successeurs ; un modèle à penser en termes de réseau.

1. « Pléiotropie, redondance, complexité » selon Atlan, 1999, p. 19-21.

D'autre part, en suivant les suggestions que nous souffle la perspective anthropologique sur la fabrication de l'humain dans l'interaction entre, d'une part, le développement phylogénétique et ontogénétique de l'être humain et, d'autre part, l'ensemble des pratiques sociales et symboliques que l'on identifie sous le concept de culture, il est temps de remettre en cause la pertinence de l'opposition structurale entre l'ordre de la nature et celui de la culture. Que la distinction soit saisie en termes de *phúsis* et de *nómos*, d'inné et d'acquis, de patrimoine génétique et d'environnement, la réflexion anthropologique sur les processus d'anthropopoiésis a montré qu'à l'incomplétude constitutive de l'être humain, il convient de substituer le concept de plasticité. Dès lors, non seulement les capacités de l'homme, notamment sur le plan neuronal, ne peuvent se développer qu'en interaction avec son environnement matériel, social et culturel ; mais, réciproquement, la confrontation avec cet environnement contribue à modifier, tout en les restreignant, les compétences de chaque individu.

Ainsi, il devient quasi impossible de distinguer, autant dans le génotype que dans le phénotype, quelle est la part de l'inné et quelle est celle de l'acquis. « Nature » et « culture » sont en relation d'interaction aussi complexe que réciproque. Comme le montre John Stewart, par analogie avec la morphogenèse des flocons de neige envisagés dans l'advenir de leur structure complexe, le « programme », si tant est qu'il existe, n'est pas localisable ; il est en quelque sorte « distribué » sur l'ensemble des éléments intervenant dans le processus de formation de la structure sans lui préexister. Cela signifie que l'hérédité humaine, avec sa composante génétique, ne peut être définie qu'« en termes de l'instanciation répétée de l'ensemble de conditions nécessaires au déroulement régulier de l'ontogenèse »[1]. Reste néanmoins posée la question du cadre fondamentalement déterministe, même s'il est multidéterministe, qu'implique une telle conception de la fabrication de l'homme.

De ce point de vue, on relèvera que l'utilisation chez Atlan d'une expression métaphorique telle que celle de la « machinerie cellulaire » présuppose et se fonde à nouveau sur le schème cognitif, s'il en est, du déterminisme mécaniste. Sans qu'il soit possible ici de se prononcer sur la pertinence d'une autre métaphore encore, c'est peut-être la raison pour laquelle Atlan propose de remplacer l'idée du « programme génétique » par celle d'une « mémoire génétique ». Limitons-nous à rappeler pour l'instant, de manière comparative, que le Prométhée d'Eschyle présente l'écriture alphabétique qu'il aurait inventée à l'intention du genre humain comme une « artisane, mère des Muses », mémoire de toutes choses[2]. Quoi qu'il en soit des possibilités combinatoires d'un système de signes graphiques dont seules les séquences donnent un sens en reproduisant le flux verbal, le biais de l'écriture insère également la réflexion sur le génome humain envisagé en tant que mémoire dans le domaine des *tékhnai* ; ces arts pratiques, sémiotiques et herméneutiques, conçus par le héros grec pour civiliser les êtres humains originairement dépourvus de moyens d'exploiter leurs ressources sensorielles. Et si l'on suit la suggestion

1. Cf. Stewart, 1993, p. 173 ; cf. 2004, p. 57-69.
2. Atlan, 1999, p. 51-61 et 32-41 (sur l'alternative « programme »/« données ») ; cf. encore p. 71, ainsi que le commentaire de Lambert, 2003, p. 133-138 et les pages de Fox Keller, 2003, p. 73-99 et 141-142, un ouvrage dont je n'ai pris connaissance qu'après la rédaction de l'essentiel du présent essai. Voir Eschyle, *Prométhée* 460-461 : à ce propos cf. *supra* § 1.3.

de Prométhée qui assimile la mémoire entretenue par un système graphique à un art des Muses, c'est-à-dire à un art de la création poétique, l'alphabet, de fait emprunté aux Phéniciens, nous conduit enfin à la deuxième constellation de métaphores figurant le fonctionnement du génome humain. Les concepteurs du génie génétique y ont trouvé les moyens d'élaborer un modèle de fonctionnement et, implicitement, un paradigme épistémologique.

3.3. *La génétique et le modèle sémiotique du code*

On le sait, les images du patrimoine et du programme génétiques n'ont pas manqué d'entretenir l'espoir de la reproduction à l'identique ; ce phantasme apparaît en fait comme une simple variation de l'aspiration à l'immortalité. Non content de faire l'impasse sur la question du « *gender* » dans la reproduction sexuée, non content d'abolir la dimension temporelle impliquée par la succession des générations, le clonage humain dans sa représentation mécaniste permettrait enfin, dans un geste d'auto-référence biologique entière, de se reproduire soi-même, dans une unicité phantasmatique[1]. À vrai dire, la production par une équipe de biologistes sud-coréens de trente embryons humains, par la même technique de clonage ayant conduit à la production de la brebis Dolly, s'est avéré relever de la supercherie ; elle n'a fait que confirmer les difficultés technologiques et pratiques du clonage animal et humain. Néanmoins, même s'il est destiné à la mise à disposition de cellules-souches, le clonage thérapeutique ouvre sans aucun doute la voie au clonage reproductif, sans

1. Les implications narcissiques de la reproduction de l'homme à l'identique par clonage sont explorées par Ansermet, 2004.

par ailleurs forcément légitimer ce dernier[1]. En deçà des délires faustiens sous-tendant les expériences alléguées, il y a quelques années, par la secte des raéliens, sans doute l'ingénierie du clonage humain semble-t-elle donner un fondement scientifique et une légitimité déterministe au désir de conférer à sa propre identité une durée dépassant la limite qui est au fondement même de notre incomplétude et de notre plasticité. Il s'agit du terme, de nature fort variable, qui est assigné à chacun d'entre nous de par notre humaine condition, dans sa composante animale ; il s'agit de la limite attachée à notre universelle mortalité. Avec les formes très différenciées qu'il connaît d'une culture à l'autre, ce désir d'échapper à la mortalité, et par conséquent à la condition humaine, nous dirige donc vers l'autre constellation de métaphores qui sont l'expression de la base épistémologique implicite du génie génétique.

Précisons encore le langage usuel de la génétique : les chromosomes de l'être humain sont composés notamment de molécules d'ADN dont les « séquences » chimiques incluraient en particulier les gènes. Eux-mêmes articulés en assemblages séquentiels des quatre bases déjà mentionnées par groupes de trois, les gènes fonctionneraient à la manière de phrases ou d'énoncés « codés ». C'est dire que les gènes fourniraient l'« information » ou, mieux encore, le « message » qui contribue dans la cellule à la production des protéines. De manière plus exacte et comme on l'a déjà

1. Cf. *Science Express* du 12 février 2004, repris dans *Science* 303. 5664, 2007, p. 1669-1674 ; voir *Le Monde* des 13 février 2004, p. 25, et 17 février 2004, p. 17, puis, pour la dénonciation de la supercherie du Prof. Hwang Woo-suk, *Le Monde* du 4 janvier 2006, p. 20-21, avec une contribution de Jacques Testart, ainsi que *Le Monde* du 12 janvier 2006, p. 8.

indiqué, les gènes sont composés de quatre nucléotides dont les différentes combinaisons ternaires et les séquences sont « traduites », selon la clé donnée par le code, dans certains des vingt acides aminés dont les protéines sont elles-mêmes formées ; ou, plus précisément encore, les séquences codantes d'acide désoxyribonucléique sont « transcrites » en acide ribonucléique (ARN) « messager » à l'intérieur du noyau pour être transférées et « traduites » en protéines dans le cytoplasme. Du recours aux notions empruntées à la théorie de l'information, l'explication passe ainsi aux analogies suggérées par le vaste domaine des sciences du langage et de la communication. Le génome contenu dans chacune de nos cellules et par conséquent l'information correspondante avec sa « grammaire » seraient dès lors à déchiffrer et à lire comme un « livre », sinon comme un « roman ». De là, il ressortirait que le génome de l'homme pourrait apparaître et être lu comme une « carte » ou aussi comme une « encyclopédie », sinon comme le « livre de la vie » ou son « scénario »[1].

Tout récemment, dans le cadre d'un grand consortium international et public qui centre ses travaux collectifs sur un seul pour-cent significatif du génome humain, il s'est avéré que les molécules d'ARN semblent jouer un rôle beaucoup plus actif que celui de simples « messagers » ou véhicules du message contenu dans les molécules d'ADN codant. Ce rôle serait si déterminant que certains biologistes en ont conclu à

1. Voir notamment Braun, 2000, p. 40-43, ainsi que Kay, 2000, p. 34-37 et 310-325, notamment dans un chapitre intitulé « Between Ontologies and Analogies : the Chimera of the Book of Life ». Pour des descriptions du processus bio-chimique codant, cf. *supra* § 3.1, et pour une perspective critique, voir Fox Keller, 2003, p. 47-72.

l'apparition d'un nouveau paradigme biochimique. Chez l'être humain, le nombre des micro-ARN contribuant à la production de protéines pourrait s'élever à 37.000, un nombre à comparer avec les 21.000 molécules d'ADN codants et donc de gènes qui caractérisent chacun d'entre nous.

« Biology's Big Bang : Unravelling the secrets of RNA » titrait un numéro récent de *The Economist* sur un fond de page de titre reproduisant le geste de la création de l'homme tel que l'a immortalisé Michel-Ange sur le plafond de la Chapelle Sixtine ; et tel qu'il est revu et corrigé par le maquettiste du magazine qui n'hésite pas à matérialiser graphiquement la liaison entre le doigt de Dieu et celui d'Adam par un segment de l'ARN messager ! L'emblème de l'ARN est ainsi intégré dans la version biblique et chrétienne de la création de l'être humain, pour y tenir un rôle aussi intermédiaire qu'il est déterminant : insertion figurée du déterminisme codant et du mécanisme biochimique régulateur dans la grande saga créationniste. Si changement de paradigme il doit y avoir au sens où le proposait Kuhn, il n'en reste pas moins que le consortium associant plus de quatre-vingts institutions appartenant à onze pays différents, sous la direction de l'états-unien National Human Genome Research Institute a inscrit dans son acronyme la notion de code : ENCODE pour « Encyclopedia of DNA Elements » ; avec le projet d'identifier les éléments fonctionnels dans les séquences du génome humain. Pour l'instant, le résultat de l'enquête collective conduirait à une nouvelle définition du gène : « *The gene is a union of genomic sequences encoding a coherent set of potentially overlapping functional products* » ; le gène correspondrait donc à l'union de séquences génomiques d'ADN ou d'ARN « codant une série cohérente de produits fonctionnels qui se recoupent potentiellement »[1]. Du point de vue de l'expression métaphorique, le modèle épistémologique reste celui du code offert par l'encyclopédie que constituerait l'ensemble des gènes de l'homme, porteurs de l'information pour la production de protéines.

En développant encore la métaphore empruntée au domaine du livre, pour expliquer le pouvoir auto-reproductif de la molécule d'ADN qui tient aux contraintes pesant sur les assemblages des quatre nucléotides de base, Albert Jacquard lui-même n'hésite pas à comparer la grosse cellule contenant le génome à une photocopieuse : « Mais ce que sait faire la molécule d'ADN est d'une tout autre nature : elle se reproduit elle-même, comme si une photocopieuse était capable de produire une photocopieuse identique » ; et de conclure : « L'ADN est l'équivalent d'un livre qui saurait se copier soi-même[2]. » Il s'en suit que les génomes des 1.600.000 espèces existantes seraient à considérer comme une vaste « bibliothèque ». Ainsi, en allant jusqu'à parler du « livre génétique de la vie », on a repris la métaphore réinventée en plein Moyen-Âge. Désormais, il n'est plus uniquement possible de lire le « Livre de la Nature » ; il n'est plus uniquement question, comme plus tard pour Galilée ou Descartes,

1. En plus de *The Economist* des 16-22 juin 2007, p. 70-82, voir The ENCODE Project Consortium, 2007, pour la présentation du projet, et Gerstein (*et al.*), 2007, p. 673-678, pour la nouvelle définition du gène, par opposition à celle qui pensait le gène « *in terms* [repris au domaine de l'informatique] *of subroutines in a huge operating system* (OS) ».

2. Jacquard, 2001, p. 80, qui présente aussi le génome comme un livre de recettes à « décrypter » (p. 85) ; il y aurait ainsi « plus de trois milliards de lettres dans le livre de recettes de chaque humain ». Même si c'est de manière critique, Lewontin lui-même fait un large recours à la notion du code génétique ; voir par exemple 2003, p. 118-119 et 132-135.

de tenter d'écrire ce livre ; mais ce livre devient celui d'une nature humaine que l'on souhaite désormais modeler[1]. En particulier à propos du génome humain, n'est-on pas allé jusqu'à parler de la nécessité d'une « *genetic literacy* », d'une « alphabétisation génétique » ? La conclusion que tire Watson lui-même de l'analogie métaphorique avec le fonctionnement d'une langue humaine ne saurait être plus claire :

> Dans *Qu'est-ce que la vie ?*, Schrödinger avait émis l'hypothèse que le langage de la vie ressemblait à du morse, à une série de points et de traits. Il n'était pas loin de la vérité. Le langage de l'ADN est une série linéaire de A, de T, de G et de C. Et de même que les coquilles peuvent se glisser dans la transcription de la page d'un livre, de rares erreurs peuvent intervenir lorsque tous ces A, T, G et C sont copiés le long d'un chromosome. Ces erreurs sont à l'origine des mutations qui préoccupaient alors les généticiens depuis cinquante ans. Remplacez un « i » par « a » et, dans la langue anglaise, « Jim » devient « Jam » ; remplacez un T par un C et, dans le langage de l'ADN, « ATG » devient « ACG »[2].

Situé entre la théorie de l'information telle qu'elle a été développée selon le schéma proposé par Claude E. Shannon et Warren Weaver, et la théorie de la linguistique fonctionnelle, le modèle épistémologique du code génétique a en effet été proposé pour la première fois par Erwin Schrödinger. Dans les années quarante, en effet, le physicien allemand réfugié en

---

1. Sur les différents avatars connus par le « Livre de la Nature » jusqu'au « *genomic book of life* », cf. Kay, 2000, p. 30-37.
2. Watson & Berry, 2003, p. 70-71 ; C. Turney, 1998, p. 131-138, explore à vrai dire le concept de « *genetic literacy* », dans le sens de la formation en génie génétique nécessaire à l'exercice de différentes activités professionnelles et sociales.

Grande-Bretagne imagine que l'héritage génétique, notamment de l'être humain, est transmis par une substance d'ordre organique et physique. Même si l'on ne fait pas encore l'hypothèse de la nature chimique de cette substance, les relations entre le patrimoine physique et la configuration générale de l'être vivant sont saisies en termes de « code », avec le caractère de nécessité déterministe qu'implique cette notion :

Or il est établi que ce modèle intégral à quatre dimensions est fixé par la structure de cette seule cellule, l'ovule fécondé. En outre, nous savons qu'il est essentiellement déterminé par la structure d'une petite portion seulement de cette cellule, son noyau. Dans l'« état quiescent » normal de la cellule, ce noyau apparaît habituellement sous la forme d'un réseau de chromatine réparti au travers de la cellule. Mais au cours des processus d'importance vitale de division cellulaire (mitose et méiose), il s'avère consister en un « jeu » de particules, généralement en forme de fibres ou de bâtonnets, qu'on appelle chromosomes [...], et j'aurais dû parler de deux « jeux » en vue d'utiliser l'expression avec l'acception habituelle du biologiste [...]. Ce sont ces chromosomes, ou peut-être seulement le squelette fibreux axial de ce qui nous apparaît au microscope comme le chromosome, qui contiennent sous la forme d'une espèce de programme codé (*code-script*), le modèle intégral du développement futur de l'individu et de son fonctionnement quand il parvient à la maturité. Chaque séquence complète de chromosomes renferme le code intégral ; de sorte qu'il y a en général deux exemplaires de ce dernier dans l'ovule fécondé, formant le stade initial du futur individu.

En donnant à la structure des fibres chromosomiques le nom de programme codé, nous entendons signifier que l'esprit qui pénètre toute chose naguère envisagé par Laplace, et pour qui tout rapport causal serait immédiatement déchiffrable, pourrait immédiatement déduire de cette structure si l'œuf, placé dans des conditions convenables, se développerait en coq noir ou en poule tachetée, en mouche ou plant de maïs, rhododendron, scarabée, souris ou femme [*sic* !]. [...] Mais le terme *code-script* est naturellement trop étroit. Les structures chromosomiques servent en même temps à réaliser le développement qu'elles prévoient. Ils sont le code de loi et le pouvoir exécutif – ou, pour employer une autre analogie, ils sont à la fois le plan de l'architecte et le savoir-faire de l'entrepreneur[1].

Dans la dialectique scientifique la plus classique, entre hypothèse et expérience par l'observation, la métaphore du code est appelée à assumer un rôle central. En raison des procédures mécanistes qu'évoque cette image, ce qui ne va pas tarder à devenir le génome semble devoir déterminer de manière nécessaire tout le développement de l'être vivant. Et qui dit déterminisme mécaniste dit aussi prévisibilité et prédictibilité : un fonctionnement codé est censé permettre la prédiction dans le processus de décodage ; ceci à d'autant plus forte raison que Schrödinger ne fait pas mention du « bruit » que Shannon et Weaver font intervenir dans le processus de la communication codée. Cette notion sera reprise et transposée par Watson, sous forme encore une fois métaphorique, par l'image des « coquilles » qui peuvent se glisser dans la transcription de l'ADN en ARN, provoquant des mutations génétiques. Enfin, en prime, le paradigme du déterminisme causal et de la prédictibilité, sans doute attendu

---

1. Schrödinger, 1944/1967, p. 22-23 (1986, p. 70-72, dans la traduction française de Léon Keffler, légèrement modifiée). Quelques années plus tard, le schéma de la communication, dans sa version la plus mécaniste, était proposé par Shannon & Weaver, 1949, p. 6-24 ; voir à ce propos les remarques critiques essentielles de Grize, 1996, p. 57-71.

de la part d'un physicien classique, est assorti de la dimension théologique qu'implique la métaphore complémentaire de l'architecte et de son art de la construction. On se situe ainsi entre créateur et « main invisible » ; cette main s'avérera être aussi la force censée régler l'économie de marché qui sera susceptible de concrétiser les bénéfices et les profits à tirer de la grande découverte biologique…

Comme l'a fort bien démontré l'auteure d'une étude consacrée au rôle de différentes métaphores dans le développement de la biologie moléculaire, c'est à Francis Crick lui-même que l'on doit le principe qui soumet le fonctionnement de la molécule à un déterminisme contrôlé, sinon par un architecte, du moins par une structure biochimique. Cette instance organisatrice, légitimée par un principe érigé en dogme, n'est autre que la structure de la double hélice de l'ADN. Dans cette perspective, « l'aspect crucial de ce dogme est son insistance sur la causalité unidirectionnelle et son rejet de toute possibilité d'influence extérieure substantielle sur les gènes, qu'elle vienne de leur environnement intra- ou inter-cellulaire. Hostile à toute notion de rétroaction circulaire, le dogme génétique décrit une structure d'influence causale linéaire qui va du bureau central de l'ADN jusqu'aux ateliers périphériques de l'usine à protéines »[1]. Pour leur part, Jacques Monod et François Jacob avaient introduit, dès le début des années soixante, l'idée d'une instance de régulation génétique ; ces gènes « régulateurs et opérateurs » auraient été susceptibles de contrôler, par une série d'informations, la réalisation du programme

1. Fox Keller, 1995, p. 108-127, qui ajoute d'autres métaphores empruntées, dès Schrödinger, aux théories de l'information et du cyberspace (p. 120 pour la citation, par référence à Crick, 1958, p. 12-13).

de synthèse des protéines. En une nouvelle métaphore, les deux biologistes parlent de l'« instruction » transmise[1] !

De manière en quelque sorte inverse, la nature langagière attribuée au fonctionnement de la molécule d'ADN permettait à l'anthropologue Claude Lévi-Strauss, dans ces mêmes années, de justifier son choix du modèle offert par la linguistique structurale (et singulièrement par la phonologie) pour réduire la mythologie à un système de transformations. Qu'il s'agisse de bases chimiques ou de phonèmes, nous serions en présence d'ensembles d'unités discrètes qui ne prennent une signification que dans leurs combinaisons les unes avec les autres : « De la même façon, les mots du langage ou les triplets du code génétique se combinent à leur tour en "phrases" que la vie écrit [sic !] sous la forme moléculaire de l'ADN, elle aussi véhicule d'un sens différentiel dont le message spécifie telle ou telle protéine d'un type donné[2]. » La « nature » aurait donc élaboré, aux origines de la vie, le modèle linguistique de la communication codée, réinventé en sciences humaines par Roman Jakobson après « plusieurs milliards d'années » !

C'est ainsi sans doute que, dans l'intitulé du quatrième chapitre du dernier ouvrage de vulgarisation publié par Watson, la science semble être en mesure, par l'intermédiaire des molécules d'ADN recombinant, de rivaliser avec Dieu…[3] Retour au Zeus jaloux de Prométhée et d'Eschyle ?

3.4. *Pour des métaphores de linguistique pragmatique*

Indépendamment de la nature attribuée au « pouvoir exécutif » qui serait le garant du fonctionnement déterministe

1. Jacob & Monod, 1961.
2. Lévi-Strauss, 1971, p. 612.
3. Watson & Berry, 2003, p. 103.

des chromosomes dans la reproduction des cellules et le développement de l'être vivant, combiner l'image du code avec celle du texte et du livre, pour rendre compte du fonctionnement du génome, signifie ignorer plusieurs des aspects fondamentaux de tout système linguistique ; c'est ignorer la plupart des règles de fonctionnement de tout langage verbal en acte. En recourant, pour rendre compte du fonctionnement du génome, à la métaphore du message codé et, par conséquent, à celle du livre à déchiffrer pour expliquer la lecture qu'ils font des gènes, les biologistes contemporains semblent oublier les faits suivants :

– La langue n'est qu'une abstraction savante à partir des langues existantes. En définitive, ce concept se réfère essentiellement à la compétence que l'homme semble posséder en propre de s'exprimer de manière articulée aussi bien sur le monde environnant que sur une série de réalités mentales et affectives[1].

– C'est dire que les différentes langues ne représentent que des systèmes de signes parmi d'autres systèmes d'indices dont le fonctionnement est sémiotique. Les langues, dans leur diversité, ne se rattachent qu'à l'un de ces très nombreux ensembles de traces matérielles qui ont la capacité de renvoyer à autre chose qu'elles-mêmes ; les langues se prêtent donc à la distinction entre un signifiant et un signifié, quel que soit d'ailleurs le statut, conceptuel ou référentiel,

1. Par référence à la double aptitude de l'enfant à apprendre à manipuler le système de signes que constitue sa langue maternelle et à appliquer au monde les énoncés qu'il formule, Hagège, 1986, p. 31, n'hésite pas à affirmer : « [La langue] c'est l'aptitude à ce double apprentissage qui, en tant que faculté de langage, s'est, de l'*Homo habilis* à l'*Homo sapiens*, inscrite au code de l'espèce et qui, de manière parallèle mais non identique, s'inscrit dans la biologie de l'enfant » !

de ce dernier. À cet égard, on préfère parfois tracer une distinction entre plan de l'expression et plan du contenu, sans se prononcer non plus sur le statut de ce dernier.

– Contrairement à d'autres systèmes de signes tel le système nettement plus fruste des signaux de la route, toute langue, tout système linguistique est fondé sur une double articulation – phonétique et sémantique – qui en rend les réalisations individuelles très sophistiquées.

– En conséquence, qu'elles prennent une forme verbale ou écrite, ce ne sont pas les unités phonétiques qui ont une signification, mais ce sont les différentes séquences formées par ces unités qui, dans la multiplicité de leurs combinaisons, provoquent des effets de sens. Dénommés phonèmes, ces éléments simples relèvent d'ailleurs eux-mêmes de l'artéfact et de l'opératoire.

– Dans tout système d'expression verbale, la relation entre le signifiant, qui correspond aux différentes séquences de phonèmes, et le signifié, partagé entre le mental et le réel, est de manière générale arbitraire[1]. Cela signifie qu'à de rares exceptions près, il n'y a pas dans une langue de correspondance univoque, comme c'est en revanche le cas pour le code de la route, entre les éléments de l'expression et les unités du contenu, entre formes/substance de l'expression et formes/substance du contenu, entre les phonèmes articulés en « mots » et les images mentales ainsi évoquées[2].

1. En réintroduisant dans le processus de la référence linguistique la réalité, Benveniste, 1966, p. 49-55, a montré que l'arbitraire marquait non pas la relation entre le signifié et le signifiant (présentés par Ferdinand de Saussure comme le verso et le recto d'une même feuille de papier), mais la relation entre ce couple, formé par la représentation mentale et l'image acoustique, et le monde des objets réels.
2. Voir, à ce propos, les réflexions trop peu connues de Hjelmslev, 1991,

– D'ordre inférentiel, la relation entre le plan de l'expression et celui du contenu relève de la convention, comme l'avait reconnu Aristote dans le petit traité intitulé (déjà !) *Perì Hermeneías*, soit *De l'expression interprétative*[1]. Reposant sur le caractère largement arbitraire de la relation entre signifiant et signifié, entre les « mots » et leur référent, les conventions linguistiques varient d'une langue à l'autre, d'un dialecte à l'autre, soumises qu'elles sont aux variations géographiques, aux changements historiques, aux différences socioculturelles ; elles sont presque entièrement relatives.

– Les unités de sens, dont les limites sont en général l'objet d'une définition artificielle, sont fondamentalement polysémiques ; elles renvoient à une pluralité de sens possibles. À chaque « mot » correspond donc un champ sémantique (qu'on ne confondra pas avec le champ lexical qui inclut les différents termes se référant à un même noyau de sens) ; l'article de dictionnaire tente d'en donner empiriquement l'organisation[2]. Ce n'est que l'usage de l'unité en contexte qui

p. 134-148, qui donne de la langue la définition suivante : « Pour qu'une structure puisse être reconnue comme une langue, il faut que la relation de présupposition réciproque entre le contenu et l'expression ne s'accompagne pas d'une relation identique entre chaque élément d'un plan et un élément de l'autre » (p. 138-139).

1. Aristote, *De l'expression* 16a 19-16b 5 : « Le nom est un élément vocal qui signifie par convention en dehors du temps et dont aucune partie n'a par elle-même de signification [...]. On dit "conventionnel" parce qu'il n'y a pas de mots par nature, mais quand il y a symbole. » Cf. Eco, 1984, p. 22-26 et 210-211.

2. Voir, à ce propos, l'utile mise au point de Nyckees, 1998, p. 193-223, qui rend compte des nombreuses tentatives de décomposer le sens des mots en unités discrètes et en éléments sémantiques hiérarchisés, atomes de sens auxquels la perspective structuraliste tend à attribuer un statut d'universalité.

détermine le sens à inférer de l'emploi du mot, avec la marge considérable de flou que l'on a tenté de saisir en tant que phénomène de la connotation.

– En raison de la dimension syntaxique de chaque langue réalisée en paroles ou, mieux encore, en énoncés discursifs particuliers, l'unité de sens ne correspond en fait exactement ni au mot, ni même à la phrase ; mais fait sens ce qui se manifeste à nous, par exemple en tant que discours (ou, sous forme écrite, en tant que texte). En langues, l'unité de base n'est donc pas le mot, mais le discours dans l'extrême variabilité de son étendue et, par son fréquent inachèvement, dans l'indétermination de ses limites exactes.

– Mais qui substitue au concept du texte celui de discours entend que tout énoncé verbal, inséré dans le *cotexte* du texte, s'inscrit également et en concomitance dans le contexte de conditions d'énonciation particulières ; celles-ci incluent aussi bien le psychisme du locuteur avec son intentionnalité que les différentes déterminations institutionnelles, sociales et culturelles qui agissent sur son activité langagière pour la modeler[1].

– En grande partie à cause du phénomène de la polysémie, chaque langue possède une extraordinaire capacité « fictionnelle ». Cela signifie qu'au-delà de la capacité de référence au monde, chaque usage du système linguistique en discours est susceptible de construire et de créer une nouvelle signification, une signification en partie autonome par rapport à la « réalité » référentielle. Notamment par le jeu de la métaphore, la poéticité et la fictionnalité ne sont

1. Pour une définition du discours comme « texte (agissant comme *cotexte*) + contexte (comme conditions de production et de réception-interprétation) », voir la mise au point proposée par Adam, 1999, p. 23-42.

jamais totalement absentes des énoncés discursifs les plus triviaux.

– Par ailleurs, en tant que réalisation d'un système linguistique non seulement repérée dans le temps et dans l'espace, mais surtout par rapport à une instance d'énonciation, chaque discours possède de manière constitutive une dimension pragmatique. Par l'intermédiaire du phénomène de la référence, tout usage de toute langue se fonde sur une situation extra-discursive pour avoir en retour un impact à l'égard de cette réalité non langagière. Les effets de toute séquence discursive sont en relation d'interaction avec des conditions de communication qui non seulement s'inscrivent dans un temps et dans un espace particuliers, mais qui se définissent surtout par rapport à plusieurs acteurs sociaux, parmi lesquels le « sujet » parlant. C'est dire que les effets d'ordre pragmatique de toute langue mettent tout énoncé discursif, toute production langagière en interaction avec un environnement social et culturel particulier, avec une situation singulière, repérée dans l'espace et dans le temps[1].

Pour ces nombreuses raisons, une langue correspond à un système de signes verbaux qui n'existe que par et dans ses emplois. Une langue ne saurait par conséquent être considérée comme un simple code qui permettrait, en dépit de quelques bruits, de transmettre des messages univoques ; elle ne correspond pas à un code reposant sur une clé dont l'usage produirait de manière déterministe les mêmes significations et, par

---

1. La plupart de ces différents caractères de la langue en tant que système de signes à fonctionnement sémiotique et pragmatique sont bien évoqués par Eco, 1984 ; pour la question du code génétique, voir en particulier 288-292. J'ai développé ici les propositions formulées dans le dialogue entre Adam & Catsicas, 2001, p. 29-33.

conséquent, les mêmes effets pratiques. Les produits de l'activité verbale, qui se fonde sur un système sémiotique à double articulation, sont toujours polysémiques. En raison d'une pluralité de sens constitutive, ces énoncés requièrent donc non pas un déchiffrement, mais des interprétations ; dans cette mesure, leur dimension pragmatique assume des réalisations différentes dans des conditions de réception qui varient. La marge d'indétermination et surtout de potentialité sémantiques propre à tout énoncé discursif le soumet d'emblée à une perception d'ordre herméneutique, marquée par un environnement socioculturel propre. En raison de leur caractère à la fois sémiotique et pragmatique, les produits de l'activité langagière suscitent, en quelque sorte par nature, d'incessantes reprises herméneutiques, qui se renouvellent dans le temps et dans l'espace ; ces reprises interprétatives assurent la tradition d'un sens foisonnant en mouvement permanent, en constante refiguration[1].

L'abus métaphorique est donc double. D'une part, le déterminisme mécaniste qu'impliquent sur le plan épistémologique les notions de code et de déchiffrement de messages codés selon une clé fixe ne semble correspondre ni à un dispositif biochimique, dont la connaissance en termes de séquences composant la molécule d'ADN est encore largement incomplète, ni à un processus de transformation chimique d'ADN en protéines, où aléatoire d'un côté, environnement biologique de l'autre jouent un rôle sans doute essentiel, mais par définition difficilement mesurable[2].

1. Voir les quelques suggestions et références que j'ai proposées à ce sujet en 2002, p. 67-77.
2. De plus, les difficultés techniques soulevées par l'interprétation des séquences composant un génome sont bien expliquées par Rechenmann & Gautier, 2000.

D'autre part, en passant de la biologie à la linguistique, la logique causale et déterministe présidant au fonctionnement d'un code ne saurait rendre compte ni de la polysémie des manifestations verbales de l'homme, ni de la séquence des interprétations impliquée par tout usage d'un langage verbal articulé, ni non plus du caractère spatialement et historiquement relatif de ses effets pratiques. Si l'on tenait à envisager la structure et le fonctionnement du génome dans la perspective déterministe impliquée par l'idée du code génétique, il conviendrait d'abandonner toutes les métaphores relatives au domaine de la langue et du livre ; il faudrait se limiter aux images qu'offre un système sémiotique univoque, tel le code de la route.

En effet, l'usage de métaphores inadaptées a des conséquences épistémologiques considérables ; et, dans cette mesure, il est pour le moins contestable et contradictoire d'envisager en termes de métaphores langagières impliquant arbitraire, relativisme et aléatoire herméneutique, des interventions d'ordre génétique sur un organisme que l'on pense inséré dans un continu biologique soumis aux règles contraignantes de la théorie de l'information. Pouvant inclure les organismes génétiquement modifiés eux-mêmes, ce continu serait conçu comme un vaste *cyberspace* où l'« information » génétique circulerait librement, selon les règles déterministes qui seraient celles censées présider au fonctionnement d'un code. Cela n'a rien de commun ni avec l'usage d'une voix articulée ou d'un alphabet permettant des effets de sens, ni avec les pratiques interprétatives qu'impliquent de tels usages de la langue en paroles et en discours. Rien à voir donc avec les arts techniques d'ordre sémiotique et interprétatif conçus par Prométhée pour civiliser le genre humain.

Si le concept même de l'ingénierie génétique est sans doute pertinent et s'il peut conduire à des pratiques expérimentales d'une certaine efficacité, notamment sur le plan thérapeutique, ni la conception et les fonctions mêmes du génome, ni les manipulations qui en découlent ne sauraient donc être comprises par analogie avec les actions mécaniques et mécanistes que représente l'émission de messages codés ; en mettant entre parenthèses la question du « bruit », on applique implicitement les règles déterministes formulées par la théorie de l'information. Les conséquences de manipulations envisagées en ces termes de causalité univoque, assortie de quelques perturbations dues au « bruit », ne sauraient être soumises à la prévision mécaniste qu'implique le déchiffrement d'une information codée ; le génome humain n'offre ni à notre regard scientifique, ni à nos pratiques technologiques un programme génétique prédéterminé que l'on pourrait modifier à façon. Pas plus que le paradigme de la physique mécanique, le modèle du code ne saurait rendre compte de la multiplicité des chaînes causales à l'œuvre, dans leurs interférences, dans la vie d'un organisme : « On ne doit donc pas s'attendre à ce qu'une variation génétique majeure, produite expérimentalement ou par une mutation naturelle malheureuse, suffise à rendre compte de la plupart ou même d'une seule variation observée dans la nature[1]. » Commettre, à la suite du physicien Schrödinger, l'erreur déterministe et mécaniste reviendrait à enfreindre les limites épistémologiques et pratiques attachées à la nouvelle technique.

Cela signifie-t-il pour autant qu'il faut bannir de la génétique humaine et de la réflexion sur les biotechnologies tout emploi des métaphores empruntées au domaine linguistique ?

1. Lewontin, 2003, p. 114.

N'y aurait-il pas un profit épistémologique à tirer, par exemple, de la prolifération herméneutique créative qu'implique (en relation avec l'environnement socioculturel) la notion d'énoncé langagier ? Dans cette mesure, le génie génétique ne pourrait-il pas entrer, par analogie, dans la même catégorie que celle englobant les arts pratiques que sont les *tékhnai* du Prométhée sophiste inventé par Eschyle ? De même que les arts techniques prométhéens, l'ingénierie génétique ne ferait-elle pas appel à l'habileté interprétative de l'homme mortel ? L'idée de la production d'énoncés discursifs et de discours en contexte, avec leur pluralité d'effets de sens, pourrait peut-être offrir aux théories et aux pratiques du génie génétique, appliqué à l'être humain, un champ compréhensif et combinatoire d'explications plurielles et complémentaires ; ces explications multidimensionnelles se fonderaient également sur les connaissances de l'ordre de l'anthropopoïésis, élaborées dans le domaine de ces savoirs « mous » qui sont ceux des sciences de l'homme, et en particulier ceux de l'anthropologie culturelle et sociale.

4. Aléatoire herméneutique
et utilité sociale

Revenons à notre point de départ. Le 26 juin 2000, au tournant même du millénaire, le Président des États-Unis pouvait donc proclamer à l'occasion de la grande cérémonie médiatique orchestrée en mondovision depuis la Maison Blanche : « Le déchiffrement du patrimoine génétique de l'homme est achevé[1]. » Se fondant sur les résultats du travail de la collaboration concurrente entre le « Human Genome Project » de statut public et l'entreprise privée de « Celera Genomics » déjà mentionnés, cette déclaration péremptoire et universalisante accréditait auprès du public profane l'idée que le génome humain était doué d'un fonctionnement mécanique, propre à un système clos. Après Galilée qui aurait découvert « le langage avec lequel Dieu avait créé l'univers » [*sic* !], on avait désormais accès à la langue avec laquelle le même dieu universel du christianisme avait créé la vie. En appelant à la coopération

1. Voir les références données *supra* p. 18, note 1 et p. 108, note 1.

entre secteur public et secteur privé, le Président d'une humanité qu'il voulait croyante y décelait la promesse de la commercialisation de nouveaux médicaments ; on allait confier au marché les nouvelles thérapeutiques permettant « d'accroître l'espérance de vie ». Dans la grande tradition de la pensée politique états-unienne, la découverte des desseins du Dieu chrétien est envisagée comme source de profits économiques et financiers. On est désormais loin des arts techniques prométhéens présentés comme des *ophelémata* pour les hommes mortels en dépit de la volonté de Zeus.

Le 14 mars de la même année, Tony Blair, le premier ministre d'une Grande Bretagne elle aussi acquise au dogme économiste du capitalisme néo-libéral, anticipait sur ces déclarations péremptoires et universalisantes pour rassurer l'opinion publique en clamant, en accord d'ailleurs avec le même Bill Clinton : « Les données fondamentales sur le génome humain, y compris le séquençage de l'ensemble du génome contenu dans l'ADN de l'homme, avec ses variations, doivent être accessibles aux scientifiques du monde entier. » À peine Blair et son collègue Clinton avaient-ils affirmé le caractère public des connaissances concernant le patrimoine génétique des êtres humains, le US Patent and Trademark Office répliquait (en date du 16 mars 2000) : « Les gènes et les inventions génétiques qui étaient brevetables la semaine dernière, le sont aussi cette semaine, dans les mêmes conditions juridiques[1]... »

4.1. *Le brevetage et l'utilitarisme financier*

Dans la logique du déterminisme causal que l'on vient de dénoncer, on a donc aussitôt envisagé et programmé des

1. On pourra lire à ce propos les pages critiques de Lambert, 2003, p. 15-21.

procédures de manipulation des gènes censés constituer l'essence organique de l'être humain ; pour ces manipulations, la visée était en particulier thérapeutique. Le modèle en était fourni par l'invention et l'apparition sur le marché des organismes génétiquement modifiés. De même que pour les OGM, les représentants de la grande industrie chimique et pharmaceutique ont immédiatement imposé le brevetage des pratiques rendues possibles par l'expérimentation du génie génétique sur l'organisme humain. Par la transformation juridique de découvertes en inventions et sous prétexte de la rentabilisation des énormes investissements consentis dans la recherche, il fallait garantir et protéger les profits à tirer des applications, notamment thérapeutiques, du savoir technique acquis par le déchiffrement supposé du génome de l'homme. Le critère général choisi fut d'emblée unilatéral : un gène = une fonction biologique = un produit pharmaceutique[1]. L'équation dit bien le modèle de fonctionnalisme déterministe et mécaniste qui est aussi à la base de l'usage biologique et biotechnique de la métaphore du code.

Ainsi, tout récemment encore, la découverte d'une multiplicité insoupçonnée de molécules d'ARN a été l'enjeu d'énormes tractations financières. Avec l'espoir de produire et de lancer sur le marché de nouveaux médicaments liés aux fonctions de ces micro-ARN entrant dans la composition des protéines, plusieurs laboratoires pharmaceutiques se sont orientés vers l'investigation de molécules qui n'ont plus qu'une simple fonction de message. Dans une surenchère allant de 700 millions à plus d'un milliard de dollars, Novartis, GlaxoSmithCline

---

1. Sur les enjeux économiques du brevetage du vivant en biomédecine, voir, brièvement, Gaudillière, 2006, p. 78-83 et 92-97, avec de nombreuses références à des études précises.

et Merck se sont efforcés de racheter ces entreprises, à des prix en général situés bien au-dessus de leur valeur en bourse. On aura reconnu sous ces noms quelques-uns parmi les plus grands protagonistes de l'industrie pharmaceutique ; ce sont eux qui sont précisément intéressés au brevetage du vivant. Dans cette perspective, leurs représentants exercent les pressions les plus insistantes sur l'Organisation Mondiale du Commerce dans le cadre de l'Accord sur les aspects des droits de propriété intellectuelle relatifs au commerce (ADPIC) ; au détriment des pays industriellement et technologiquement les plus dépendants et donc les plus pauvres, l'accès aux médicaments est en effet au centre d'un accord qui, par brevets interposés, attribue le monopole pharmaceutique à quelques grandes firmes transnationales ; ce sont elles qui, dès lors, dictent les prix des thérapies génétiques tout en prétendant les soumettre aux « lois du marché »[1].

De même que pour les OGM, les géants de l'industrie chimique et pharmaceutique occidentale ont donc d'emblée saisi les enjeux financiers énormes des biotechnologies et singulièrement de l'ingénierie génétique pour le développement de thérapies médicales sophistiquées, ces interventions et thérapies « *hightech* », fort coûteuses sont réservées aux couches sociales les plus favorisées des pays industrialisés, qui sont les bénéficiaires du processus de la mondialisation néocapitaliste

1. À propos du rôle joué par les représentants de l'industrie pharmaceutique dans l'accord sur les ADPIC (TRIPS en anglais) dans le contexte de la libéralisation asymétrique des échanges commerciaux promue et imposée par l'OMC, voir par exemple Stiglitz, 2006, p. 167-173, qui rappelle qu'aux seuls États-Unis, le Bureau des brevets et des noms de marque a reçu pas moins de 127 demandes de brevet pour des gènes humains, le poussant à n'accepter que celles portant sur des séquences géniques (découvertes et non pas inventées…).

promue par le nouvel impérialisme anglo-saxon[1]. Envisagée dans une perspective non plus de l'*ophélema*, de l'utilité sociale prométhéenne, mais du simple utilitarisme économique, la nouvelle *tékhne* est soumise au processus de la marchandisation généralisée des services de la santé ; elle devient ainsi une pure technologie. Espoir et source d'importants profits financiers, à protéger, les technologies du vivant sont insérées dans une autre logique, que l'on conçoit d'ailleurs en des termes tout aussi déterministes : la logique de l'économie de marché. Breveter le vivant, c'est soumettre le vivant et en particulier l'organisme humain aux « règles du marché » ; dans une sorte de réflexivité économiste, c'est soumettre l'homme lui-même à une marchandisation d'ordre anthropopoïétique ! De ce point de vue de l'utilité financière, le génie génétique est soumis à la même forme de rationalité productiviste que celle qui préside, dans sa représentation auprès du grand public et de manière très réductrice, à son explication fonctionnelle et à sa légitimation épistémologique.

À ce propos, le regard anthropologique jeté par Paul Rabinow sur le programme français de décryptage du génome humain est significatif aussi bien des enjeux économiques du savoir sur le génome humain que de l'idéologie qui en sous-tend les manipulations ; une idéologie qui finit par colorer ce regard critique lui-même ! Le conflit observé par l'anthropologue

---

1. Les conséquences sociales du brevetage des gènes, ne serait-ce que dans le domaine médical, sont envisagées avec pertinence par Casier & Gaudillière, 2001. Pour les conséquences techniques sur une entreprise de patrimonialisation génétique telle que le « Icelandic Biogenetic Project », voir Pálsson & Hardardóttir, 2002, p. 273-281 ; quant aux conséquences financières, cf. Froguel & Smadja, 1998.

américain, il y a une quinzaine d'années, autour des différents enjeux de la génétique de l'être humain est double. Le débat a été suscité par la controverse opposant les dirigeants du Centre d'études sur le polymorphisme humain à une opinion publique inquiète de voir ce gros laboratoire soutenu par l'État céder aux sirènes du généreux financement offert par une entreprise de biotechnologie nord-américaine. Détenant à Paris d'importants stocks de sang collecté auprès de différents donneurs, le laboratoire d'État était en effet confronté aux offres alléchantes de l'entreprise privée qui, sise à Boston, était soucieuse d'exploiter économiquement ce qui est devenu l'« ADN français ». D'un côté, donc, une entreprise semi-publique, fondation étatique qui exploite une méthode nouvelle de séquençage du génome humain ; de l'autre, Millenium, une entreprise de haute technologie animée par des médecins liés à l'Université privée de Harvard et au Massachussets Institute for Technology. Dès 1993, le Centre d'études sur le polymorphisme humain s'était vanté d'avoir établi la première « carte physique du génome humain »[1] : autre métaphore !

Mais, en préalable à la confrontation externe, le conflit éclate rapidement, à l'intérieur même du Centre, entre la volonté de séquencer le génome humain « de manière industrielle » (tout en finançant l'opération par les espoirs nourris dans les recherches soutenues par l'Association française contre les myopathies et par des actions publicitaires de grande envergure telles que le téléthon) et le désir de placer les garanties scientifiques avant les offres financières provenant d'une entreprise états-unienne qui n'avait pas encore fait ses preuves sur le plan technique. Représentant le pôle de la privatisation

1. Rabinow, 2000, p. 19-25 et 49-77.

du projet, Daniel Cohen défend une industrialisation des sciences de la vie dans un livre qui, intitulé *Les Gènes de l'espoir. À la découverte du génome humain*, affronte (sans s'en embarrasser) les conséquences sociales et morales d'un séquençage du génome humain. En ce qui concerne l'ingénierie génétique, une telle industrialisation doit conduire non seulement à l'exploitation thérapeutique et commerciale des gènes supposés être à l'origine de maladies précises, mais aussi à la recherche, par exemple, des « gènes du vieillissement ». Le médecin biologiste entretient ainsi l'espoir d'une redéfinition des limites de la mortalité ; il attribue par conséquent au biotechnicien la capacité de réorienter l'évolution de l'espèce humaine par l'intermédiaire d'une amélioration du patrimoine génétique des hommes : « L'homo sapiens touche ici à ses propres barrières [...]. De toute façon il arrivera un moment où l'homme se posera immanquablement la question de transcender ses propres frontières[1]. »

L'autre pôle dans la recherche est représenté par le médecin Philippe Froguel, soucieux de réserver au laboratoire français Généthon et au CEPH la découverte et les éventuelles manipulations du ou des gènes qui seraient impliqués dans les manifestations du diabète ; ce savant entrepreneur propose donc, face aux appétits des industries pharmaceutiques américaines, d'interdire le brevetage du matériel génétique humain, sans pour autant renoncer aux possibilités offertes

---

1. Cohen, 1993, p. 251-267, à propos du vieillissement : « La longévité semble bien génétiquement programmée, indépendamment des accidents de santé ou de la vie » (p. 252), ainsi « en trouvant les gènes impliqués dans le processus du vieillissement, on pourra trouver les moyens thérapeutiques permettant de vivre longtemps en bonne santé » (p. 256) ; pages à lire avec le commentaire plutôt complaisant de Rabinow, 2000, p. 79-87.

par des financements privés. Conséquent avec lui-même, Cohen se décidera à abandonner le Ceph pour rejoindre le laboratoire de biotechnologie français Genset ; collaborant avec la puissante société pharmaceutique Synthélabo, cette entreprise privée finira par être cotée en bourse par le biais du Nasdaq, au paradis éphémère du marché américain des nouvelles technologies. Rabinow ne manque d'ailleurs pas de mentionner les objectifs de Genset tels qu'ils sont clairement formulés dans la version de 1996 du site électronique de l'entreprise : « Genset est engagée dans l'analyse systématique et compréhensive du génome humain pour identifier et breveter des gènes et des régions régulatrices liées à des maladies communes sélectionnées » ; et d'ajouter, après avoir mentionné la schizophrénie, l'ostéoporose et certaines maladies dermatologiques et cardio-vasculaires : « Genset est entrée dans une alliance stratégique avec l'entreprise pharmaceutique française Synthélabo pour découvrir les gènes associés au cancer de la prostate[1]. »

Ce qu'il importe de mettre en relief ici, ce sont peut-être moins les enjeux essentiellement financiers du débat et du conflit autour de l'identification biologique du génome humain et des techniques thérapeutiques que l'on espère pouvoir tirer d'un tel savoir que l'approche choisie par l'anthropologue pour décrypter et montrer les termes de cette controverse. Observation participante extensive et neutre – répète l'anthropologue Rabinow, au début et au terme d'une enquête qui se veut expérimentale. Surprenant *revival*, donc, de la méthode définie jadis par Bronislaw Malinowski, à l'occasion de ses séjours auprès des Papous des Trobriand :

1. Rabinow, 2000, p. 226.

observation-participation fondant la connaissance ethnologique sur une expérience de terrain ; celle-ci sera transformée, par une réflexion théorique d'ordre anthropologique et
par la conjecture, pour être restituée au lecteur occidental en
une représentation compréhensive de la culture indigène,
comprise comme vision différenciée d'un monde singulier.
Certes, il ne s'agit plus de reconstruire la configuration d'une
culture particulière dans les termes fonctionnalistes de la sa-
tisfaction de besoins de base, universellement partagés. Il ne
s'agit pas davantage d'en donner la « description dense » pré-
vue par Geertz en présupposant de la manifestation culturelle qu'elle doit être traitée comme un texte signifiant. Dans
une perspective qui se veut naturellement innovante, l'herméneutique classique, en quête d'un sens univoque et d'une
vérité cachée, est également rejetée pour privilégier la description d'une « forme/événement ». Ces formes/événements
ne sauraient être référées – selon Rabinow – ni à un système
sémiotique stable, ni à un système de valeurs abstraites et
universalisantes. Mais, par l'intermédiaire d'un nominalisme
d'ordre purement méthodologique, la forme/événement que
représente l'aventure française du déchiffrement du génome
humain devrait précisément nous conduire à redéfinir clas-
sifications et valeurs de référence ; elle nous engagerait à
nommer un ensemble d'entités nouvelles[1].

L'anthropologue américain fut naguère, dans son travail de
terrain exotique au Maroc, le promoteur d'une ethnologie dia-
logique. On s'étonnera dès lors que, tout en proposant une

---

1. Rabinow, 2000, p. 234-238 (cf. p. 14) ; pour une longue définition de la
méthode ethnologique de l'« observation participante », voir Malinowski,
1963, p. 74-81 ; quant à la *thick description* ou « description dense »,
cf. Geertz, 1973, p. 3-30.

série d'opérations d'identification et de dénomination face à un nouveau terrain, il ne tienne aucun compte des procédures de mise en discours qu'implique, de sa part, le processus de classification par la désignation verbale. N'oublions pas l'évidence nominaliste : nommer, c'est classer ; identifier par des noms, c'est placer les entités dénommées sous les étiquettes de catégories précises ; dénommer, c'est employer les moyens de la langue pour imposer à la réalité observée un point de vue d'ordre discursif, souvent hiérarchisé.

Explicitement revendiquée au terme de l'enquête, la relation de sympathie et de complicité qui s'institue entre le partisan de la collaboration avec l'industrie biotechnologique américaine et l'anthropologue états-unien ne se manifeste pas uniquement dans les évaluations énonciatives d'un « directeur scientifique dynamique », promoteur d'une « stratégie fortement efficace et novatrice » ; mais si toute mise en discours anthropologique porte les marques de son énonciation, elle renvoie de fait aux préconstruits culturels qui animent celui qui apparaît dans le texte comme « instance d'énonciation » et qui oriente l'histoire racontée[1]. C'est ainsi que la forme de vie du libéralisme économique anglo-saxon, dont dépend implicitement le locuteur, se dessine souvent en filigrane dans son propre discours. Du point de vue narratif, en effet, la mise en intrigue de la forme/événement observée dans le conflit entre deux idéologies, celle du secteur public et celle du secteur privé, s'achève non seulement avec l'insertion du héros de l'histoire dans l'entreprise privée Genset ; mais l'intrigue débouche aussi sur l'élargissement bienvenu de la bourse

1. Rabinow, 2000, p. 243-258 (p. 19 pour les expressions citées).

française au « nouveau marché », celui des biotechnologies, promis à l'avenir que l'on sait…

Conçue par l'intermédiaire de la métaphore du purgatoire, la description anthropologique de l'aventure génomique française se clôt donc sur l'abandon implicite du modèle républicain, avec la structure étatique, hiérarchique, nationaliste et peu compétitive qu'elle impose à la recherche scientifique. Sans doute assiste-t-on, au terme de l'enquête anthropologique narrée par Rabinow, à un retour à l'ordre institutionnel dans la poursuite de la collaboration entre le public et le privé ; mais, du point de vue énonciatif, la déception est sensible de l'observateur participant qui a initié son travail d'anthropologie des biotechnologies dans les dynamiques *start-up* d'une Californie devenue le modèle de la volonté « entrepreneuriale »[1]. De même que cette attitude morale influence l'enquête anthropologique, de même le paradigme de la marchandisation voulu par la politique néo-libérale en marque-t-il les conclusions. Ce qui permet à un historien des sciences de conclure par ces mots critiques une interrogation toute récente sur l'universalité de la science et, en ce qui nous concerne, des technosciences : « La commande sociale, ou, plus précisément, marchande, place le développement scientifique sous l'empire des contraintes de productivité et de rentabilité à court terme. La possibilité de recherches spéculatives fondamentales sans garantie de succès immédiat devient de plus en plus illusoire[1]. »

4.2. *Retour à Prométhée : l'homme éphémère*

Laissons là le problème de la viabilité économique du génie génétique et de l'orientation que ce critère donne à la

1. Lévy-Leblond, 2005, p. 114.

recherche scientifique pour retourner à la question de son utilité sociale. De ce point de vue, les fondements épistémologiques des biotechnologies génétiques appliquées à l'homme n'ont apparemment pas suscité d'interrogations très radicales.

On l'a vu : si nous acceptions les conséquences pratiques de la métaphore du patrimoine génétique reprise et médiatiquement proclamée par Clinton, pouvoir manipuler le génome humain signifierait que, pour la première fois, l'homme non seulement serait capable d'intervenir en profondeur sur sa propre constitution, mais qu'il pourrait également transmettre à ses descendants les modifications introduites dans son propre organisme. C'est dire que non seulement il serait désormais susceptible d'intervenir de manière en quelque sorte auto-référentielle sur un héritage génétique qui est aussi le sien, mais qu'il serait encore capable de transformer une ontogénèse anthropopoiétique en une phylogénèse du même type ; il s'agirait de reformuler l'homme dans sa constitution biochimique pour inscrire les caractères modifiés d'abord dans le destin des individus, puis dans celui de l'espèce. Si l'on tente de traduire cette véritable première dans les termes de la mise en scène par Eschyle de l'histoire tragique de Prométhée, cela signifie que les mortels seraient désormais en mesure d'adopter vis-à-vis des techniques non seulement l'attitude du héros qui les a inventées et transmises, mais aussi la position de Zeus lui-même ! L'enjeu désormais n'est plus uniquement une question de *tékhne*, de savoir-faire artisanal, avec une fonction d'utilité civilisatrice ; mais il s'agit d'une question de réelle fabrication et de création organique de l'homme. L'application à l'organisme et à l'être humains du savoir-faire génétique correspondrait non plus à une anthropopoiésis pratique et culturelle, mais à une véritable « métapoiésis », une vraie recréation de l'homme par l'homme !

Sans doute les problèmes soulevés par la transgression d'une limite dans la fabrication organique de l'humain, avec ses conséquences sociales, politiques et culturelles, peuvent-ils être laissés aux différents comités ou instituts d'éthique déjà largement présents et actifs sur la scène médiatique. Le résultat de leurs innombrables travaux trouve sans doute son expression dans la *Déclaration universelle sur la bioéthique et les droits de l'homme* adoptée le 19 octobre 2005 par l'Unesco. Son article premier précise la portée, universelle, d'une convention qui « traite des questions d'éthique posées par la médecine, les sciences de la vie et les technologies qui leur sont associées, appliquées aux êtres humains, en tenant compte de leurs dimensions sociale, juridique et environnementale ». Après une série de recommandations très générales quant à la liberté de la recherche scientifique et aux bienfaits qui en découlent dans le partage des connaissances et par un accès sans discrimination aux soins de santé, (fondés sur l'égalité de tous les êtres humains en dignité et en droit), on apprend par exemple que « l'incidence des sciences de la vie sur les générations futures, y compris sur leur constitution génétique, devrait être dûment prise en considération » (article 16) ; on y lit aussi qu'« un dialogue devrait être engagé de manière régulière entre les personnes et les professionnels concernés ainsi que la société dans son ensemble » (article 18.2). Ne serait-ce que par la mention d'une « constitution génétique » de l'être humain, la déclaration de bioéthique est sous-tendue par une conception très traditionnelle d'une nature humaine qui serait individuellement transmissible. Mais surtout, il suffit de lire l'enquête que l'anthropologue Rabinow consacre à « l'aventure française » du déchiffrement du génome, dans les années quatre-vingt-dix, pour saisir les enjeux réels des négociations entre les représentants de l'étatique Centre d'études sur le polymorphisme humain et les avocats de l'entreprise états-unienne de biotechnologies Millenium. Les principes animant le développement de la génomique de l'être humain et les bienfaits à en tirer n'ont évidemment rien à voir ni avec la préservation de la personne, ni avec le respect de la « dignité humaine » ; mais ils doivent répondre aux trois critères sacrosaints de l'économie libérale, soit la concurrence, la rentabilité et le profit.

À la généralité des termes employés dans la Déclaration de l'Unesco s'ajoute un usage étendu des conditionnels pour enlever toute force contraignante à un texte se résumant à une séquence de recommandations inspirées par un humanisme aussi flou qu'il est politiquement correct. De manière significative, aucune mention n'est faite, dans une déclaration pavée de belles intentions, des enjeux économiques des recherches en sciences de la vie et de leurs applications thérapeutiques pour le bien des personnes, dans l'humanité entière. Par ailleurs, la focalisation de nombreux articles de la déclaration universelle de bioéthique sur la protection de la vie privée, sur l'intégrité et l'autonomie des personnes, sur la responsabilité des individus dans leurs décisions de soignants et de patients nous écarte de toute référence à l'utilité sociale qui découle des arts techniques civilisateurs enseignés aux hommes par le Prométhée eschyléen. S'il est vrai que « les intérêts et le bien-être de l'individu devraient l'emporter sur le seul intérêt de la science ou de la société » (article 3, al. 2), cela signifie bien qu'entre le principe de justice distributive du Zeus prométhéen et politique de Platon et la dignité de l'individu libéral défendu dans des droits aussi universels qu'inaliénables, le paradigme n'est décidément plus le même…

Dans la perspective épistémologique adoptée ici, l'élément comparatif qui frappe dans la confrontation de la modernité de l'existence génomique avec la destinée de l'homme civilisé par les arts de Prométhée, telle qu'Eschyle l'envisage, c'est moins la *philanthropía* attribuée au héros culturel par la tragédie classique que le rôle joué par la *túkhe* : moins l'amour pour les hommes motivant l'invention des techniques que le hasard lié à la mortalité. La *túkhe* implique pour les humains les nombreux renversements de fortune ; ils sont souvent représentés par les figures de héros qui en sont les victimes sur la scène attique – comme l'affirme fortement, dans le cas de Prométhée, le chœur des Océanides. Pour continuer à penser en termes grecs, les coups et les retours du sort se combinent dans une telle conception de la condition humaine avec la *Moîra*, avec le destin et la finitude assignés à chaque individu, pour conférer à l'existence des humains un caractère fondamentalement éphémère. Les arts sémiotiques et les activités civilisatrices enseignés par le grand héros culturel, en dépit de la volonté de Zeus, ne sont que des moyens limités de compensation à un inachèvement et à une plasticité historiquement constitutifs, dans des processus d'anthropopoiésis culturelle toujours précaires, constamment aléatoires. Finalement, Zeus lui-même, dans sa violence de souverain-tyran, est soumis à une *Moîra*, une Destinée qu'il ne peut que porter, en ce qui concerne les hommes, à son achèvement.

Charles Darwin avait déjà tenté d'intégrer l'intervention de l'aléatoire dans les variations connues par l'être vivant, et par ses différentes espèces, au cours de son développement. Dans l'évolution, le rôle joué par la coïncidence interviendrait en particulier dans la combinaison évolutive entre force de l'hérédité et force des circonstances ; l'aléatoire marquerait la convergence entre les structures comportementales, saisies en tant qu'instincts, et les circonstances qui contribuent à modifier les instincts et à inscrire ces variations dans l'hérédité[1]. De plus, en ce qui concerne l'hominisation, le processus de sélection marquant l'évolution de l'être humain serait spécifiquement fondé sur un passage de la nature à la « civilisation » ; d'une sélection « naturelle » marquée par la lutte pour l'existence et conduisant à des variations organiques et à des différentiations dans les instincts biologiques, on passerait, avec l'apparition des hominidés, à un processus de sélection marqué par le sentiment de sympathie, pour aboutir à des instincts sociaux appuyés sur l'accroissement des capacités mentales. De cette manière, si ce sont bien les instincts qui continuent à déterminer les tendances à accomplir des actions définies, l'être humain serait désormais animé par un sens moral et la raison interviendrait dans l'accomplissement même de ses tendances et de ses actes pour leur conférer un avantage d'ordre non plus biologique, mais cognitif.

Dans la mesure où les habitudes acquises sont l'objet d'une transmission héréditaire, le sentiment de sympathie et la visée intentionnelle contribueraient donc, selon Darwin, à modifier l'appareil instinctif de l'être humain. Il ne serait ainsi plus possible de parler de « sélection naturelle », mais « les hautes facultés intellectuelles de l'homme lui ont permis de développer le langage articulé, qui est devenu l'agent principal de son

1. Darwin, 1881, p. 51-69.

remarquable progrès ». Cette fabrication de l'homme dans sa mémoire biologique et culturelle n'est possible que dans la vie en société, par l'éducation (Herder n'est pas loin…) ; c'est la vie en communauté qui développe le sentiment de sympathie et par conséquent les instincts sociaux de la solidarité et de l'altruisme. À la lutte pour l'existence se substitue ainsi la « civilisation ». C'est donc notamment en raison de son intelligence sociale que l'homme interviendrait de fait lui-même, culturellement, sur son propre procès évolutif : « Dès le développement de la faculté du langage et, par conséquent, dès que les membres d'une même association peuvent clairement exprimer leurs désirs, l'opinion commune, sur le mode suivant lequel chaque membre doit concourir au bien public, devient naturellement le principal guide de l'action[1]. »

Bien avant que les anthropologues ne s'intéressent aux facteurs culturels du développement du cerveau humain et de ses facultés, Darwin avait donc envisagé l'interaction, dans l'hérédité et dans l'évolution de l'espèce humaine, entre dispositions biologiques et instincts sociaux. Il explique, en particulier, par l'usage du langage, l'importance du volume du cerveau de l'homme par rapport à son corps, notamment en comparaison avec les animaux ; et, indépendamment de la position sexiste qu'il adopte dans *La Descendance de l'homme*, en se fondant sur le constat des caractères organiques différenciés qui distinguent le mâle de la femelle, il peut conclure : « L'admission du principe de la sélection sexuelle

---

1. Darwin, 1881, p. 103-137 (p. 105 pour la citation). Tort, 2008, p. 75-101, fait état de ses nombreuses tentatives de rendre compte de l'« effet réversif » de l'évolution (dans le passage de la « nature » à la civilisation par la socialisation) par l'image de l'anneau de Möbius. Pour le rôle joué par l'aléatoire, cf. Tort, 1997, p. 49-59.

conduit à la conclusion remarquable que le système nerveux règle non seulement la plupart des fonctions actuelles du corps, mais a indirectement influencé le développement progressif de diverses conformations corporelles et de certaines qualités mentales[1]. » De telles affirmations vont déjà dans le sens de l'interaction entre « inné » et « acquis ». Elles contrastent fortement avec les espoirs de gain fondés sur les résultats pratiques d'un « déchiffrement » mécaniste du génome humain et sur les manipulations technologiques correspondantes ; cette visée économiste porte à sous-estimer non seulement le rôle joué par la variation aléatoire et par le simple hasard dans ces processus, mais aussi l'influence en réciprocité de l'environnement social et des pratiques communautaires que nous dénommons culturelles[2]. Encore faudra-t-il décider si la part d'aléatoire se situe dans les processus génétiques eux-mêmes ou si elle réside dans nos connaissances avec les pratiques et les manipulations qui en découlent.

Dans une perspective analogue à celle ouverte par Darwin quant à l'évolution de l'espèce humaine, des enquêtes ont été récemment conduites d'un point de vue neuronal et génétique, par exemple sur les origines et l'évolution de la compétence langagière de l'homme ; elles tendraient à montrer que le processus de sélection qui a établi la compétence du langage s'inscrit dans une interaction non pas entre deux, mais entre trois ensembles : le patrimoine génétique (encore…), l'environnement général, mais aussi le « comportement » humain

1. Darwin, 1881, p. 667-676 (p. 676 pour la citation).
2. Voir Testart, 1999, p. 37-40 ainsi que Wuketits, 1998, p. 125-131, et en relation avec la théorie de l'évolution de Darwin, Kupiec & Sonigo, 2000, p. 8-10, 55-59 et 190-191.

dans la transmission sociale. Dans la ligne qui était en somme déjà celle développée par Hérodote avec l'exemple de l'inscription de la morphologie faciale des Macrocéphales dans la *phûsis* héréditaire de leurs rejetons par une pratique répétitive, il semblerait que l'influence des processus de la transmission et de la tradition sociales, et donc l'impact de l'apprentissage, diminue à mesure qu'augmente la détermination organique par les gènes. Quoi qu'il soit d'un schéma qui, pour être interactionnel, n'en est pas moins d'essence très mécaniste, un tel modèle a le mérite de concevoir l'évolution comme un « *co-evolutionary net* » ; dans une traduction en termes traditionnels, cela signifie que ce réseau de co-évolution implique non seulement l'inné et l'acquis, mais aussi un environnement qui se modifie lui-même selon la ligne temporelle de l'expansion de l'humanité, en interaction avec elle.

Comme on l'a signalé et comme l'avait en somme déjà proposé l'anthropologue Clifford Geertz, dans les années 1960, en étendant aux pratiques culturelles en général les capacités neuronales de l'homme dans leur incomplétude plastique, le cerveau humain serait plutôt la résultante que le donné d'une capacité de communication symbolique. Se développant grâce au processus d'interaction et de co-évolution entre le cerveau et le langage, cette compétence serait fondée sur la possibilité non seulement de référer symboliquement aux choses, mais aussi de créer des objets culturels[1] : après l'*homo erectus* et l'*homo habilis*, non plus uniquement

1. C'est ce que tend à montrer l'ouvrage de paléoanthropologie offert au public profane par Deacon, 1998, p. 321-410 (avec le schéma de vulgarisation donné p. 323). Cet ouvrage a été signalé à mon attention par mon collègue lausannois Johannes Bronkhorst ; voir, à propos de cette « boucle » de co-évolution entre culture et nature humaines, les nombreuses références données par Dortier, 2004, p. 324-327.

l'*homo sapiens* ou *sapiens sapiens*, mais désormais l'*homo symbolicus*. Certes, au siècle dernier déjà, Ernst Cassirer pouvait, en ouverture à un ouvrage parachevant son long itinéraire philosophique à travers les formes symboliques, s'interroger sur la nature de l'homme et affirmer : « Le terme de raison est fort peu adéquat pour englober les formes de la vie culturelle de l'homme dans leur richesse et leur diversité. Or ce sont toutes des formes symboliques. Dès lors, plutôt que de définir l'homme comme *animal rationale*, nous le définirons comme *animal symbolicum*[1]. »

D'autre part, il convient de rappeler que, dans la compréhension aussi bien que dans la manipulation des processus de transformation des séquences d'ADN correspondant à des gènes en des protéines productrices de l'organisme par l'intermédiaire de l'ARN messager, il est nécessaire de prendre en compte des facteurs relatifs à l'influence de l'environnement tant interne qu'externe de la métamorphose bio-chimique. En effet, loin de fonctionner en un système clos, la molécule d'ADN est insérée dans une cellule avec laquelle elle interagit ; dans la pratique du clonage, l'insertion du noyau d'une cellule dans le cytoplasme d'une autre cellule n'est pas sans conséquences sur le développement du nouvel organisme. De plus, la molécule d'ADN est constitutive, par l'intermédiaire de la cellule, d'un organisme qui lui-même dépend d'un environnement externe ; l'organisme se trouve en constante interaction avec ce milieu

1. Cassirer, 1975, p. 44-45, dans des pages mentionnées par Dortier, 2004, p. 18, à propos du débat qui, à Davos en 1929 (déjà et bien avant les rencontres des représentants du modèle économique qui désormais nous domine…), opposa Cassirer, tenant d'un humanisme fondé sur le pouvoir symbolique et créateur du langage, à un Heidegger attachant l'homme à la temporalité d'un « être-là » confronté, par sa finitude, au Néant.

composé d'autres organismes. Pour autant que cette distinction ait encore un sens, dans le règne végétal comme dans le règne animal, l'environnement influence un organisme dont le développement contribue en retour à modifier cet environnement. Or, plusieurs expériences menées sur la croissance de séries de plantes clonées dans des environnements différenciés montrent qu'il y a, dans l'influence du climat, une large part d'aléatoire : les mêmes clones ne se développement pas de la même manière dans des conditions environnementales que l'on veut pourtant identiques. Conclusion du biologiste : « Cette variation, qui n'est due ni à des facteurs génétiques ni à des facteurs environnementaux, est due au "bruit" développemental qui résulte des événements aléatoires qui se produisent à l'intérieur des cellules au niveau des interactions moléculaires[1]. »

Intégrée par une formule mathématique au modèle mécanique de la communication imaginé par Shannon et Weaver déjà évoqué, cette notion du bruit semble pouvoir rendre compte de la variabilité constatée dans le processus de transformation de la molécule d'ADN en protéine, sinon des mutations génétiques ; elle se réfère, métaphoriquement une fois encore, à la part d'aléatoire dans le processus décrit par des représentations imagées qui, par ailleurs, renvoient implicitement au déterminisme mécaniste que l'on a dit. Conclusion convergente d'un autre biologiste, à propos du génome humain : « L'effet du bruit est une diminution de l'information

1. Cf. Lewontin, 2003, p. 40-49 et 80-83 (p. 46-47 pour la citation) ; celui-ci affirme aussi : « Les gènes et l'environnement sont des causes des organismes, lesquels, en retour, sont des causes de l'environnement » (p. 118-119). En tenant compte d'une part d'imprédictible dans le génie génétique, le biochimiste Arber, 2001, p. 97-101, fournit une bonne critique du principe de la « détermination génétique », et du concept de « programme de la vie ».

portée par la protéine, par rapport à ce qu'elle aurait été si la transmission avait été exacte, c'est-à-dire si la protéine correspondait exactement à l'ADN[1]. »

C'est dire que non seulement le fonctionnement de la molécule d'ADN et donc des gènes dépend, dans la fabrication et la production de protéines, du contexte environnemental « intérieur » aussi bien que de l'écologie « extérieur » ; mais cette double interaction est encore marquée par l'aléatoire, par une part de hasard, par la possibilité d'« erreurs ». Il semble que cette part d'indétermination intervienne à tous les niveaux et dans tous les processus interactifs très complexes d'influence réciproque entre gènes et environnement[2]. Qui dit multiplication des facteurs déterminants, qui dit donc multidéterminisme, dit aussi effets imprédictibles ; telle est apparemment la conséquence épistémologique essentielle à tirer de la plasticité des différents dispositifs organiques et psychiques qui font de l'homme un être humain[3].

4.3. *Hasard et hybris*

La confrontation comparative aux arts techniques civilisateurs du Prométhée de l'Athènes classique révèle, dans les

---

1. Atlan, 1999, p. 27 (cf. aussi p. 81), par référence à Shannon & Weaver, 1949, p. 18-22 et 65-74.
2. L'aléatoire doit être ajouté à la réflexion proposée par Sober, 2000, p. 357-367, quant aux déterminations génotypiques du phénotype, entre gènes, apprentissage et environnement. Du point de vue des caractéristiques du phénotype, la causalité génotypique s'avère aussi ouverte que multiforme ; voir à ce propos l'utile commentaire de Hunyadi, 2004, p. 56-68, qui la réfère en définitive à une causalité de l'esprit.
3. C'est là la thèse soutenue à propos du neuronal comme du psychique par Ansermet & Magistretti, 2004, p. 171-181.

différentes techniques issues de manipulations génétiques conçues à travers les métaphores du patrimoine et du code, au moins un point aveugle. Cela concerne moins les doutes qu'il convient d'avoir à l'égard des éventuelles applications thérapeutiques de la nouvelle biotechnologie que l'étrange silence de la plupart des biotechniciens quant au rôle joué dans son fondement épistémologique par l'indétermination, en général en interaction avec l'environnement organique, « naturel » et culturel.

En concluant son interrogation récente sur la possibilité (sans doute illusoire) d'un eugénisme libéral, Jürgen Habermas tente de répondre à celles et ceux qui, à propos de l'utilisation des cellules souches et des embryons d'origine humaine, n'ont pas manqué d'invoquer la *Genèse* : « Dieu créa l'homme à son image, à l'image de Dieu il le créa, homme et femme il les créa[1]. » Disposer d'un être, d'une essence qui est « à l'image de » signifierait donc être créé ; quel que soit l'auteur de la création, cet être créé présupposerait la liberté qui permet à l'homme de répondre au don et à l'amour de son créateur. D'ordre philosophique, la réponse formulée par Habermas nous situe dans une perspective hégélienne : ce serait dans la mesure même de la liberté accordée à l'homme, en tant que différence spécifique le distinguant du créateur, que « l'acte divin de donner forme n'implique aucune détermination qui fasse obstacle à l'autodétermination de l'homme ». Fondé sur le postulat de la liberté première de l'homme, le sophisme est évidemment porté à son comble quand on installe un être créé à la place du Dieu de la création. Rappelons ici que quelques exégètes protestants seraient désormais prêts à admettre

1. Habermas, 2002, p. 165-166, citant *Genèse* 1, 27, mais paradoxalement, en omettant le troisième énoncé du verset !

que l'homme est habilité à se considérer comme un co-créateur, comme l'assistant du Créateur face au monde[1]… De théologique, la question devient alors morale : un homme peut-il déterminer et modifier dans son « être naturel » un autre homme sans porter atteinte à la liberté constitutive de cet autre ? Si par « être naturel » il faut bien entendre l'être fondé sur « la combinaison aléatoire des séquences chromosomiques parentales », la question s'avère tout simplement contradictoire et oiseuse. La liberté de l'autre comme celle du soi n'est qu'un postulat en contradiction flagrante avec la multiplicité des déterminismes et avec la part d'aléatoire qui conditionnent aussi bien l'être organique de l'homme que son action.

Fondée sur la perméabilité entre ce que nous percevons et conceptualisons comme la nature de l'être humain et ce qui nous apparaît comme sa culture, la perspective anthropo-poiétique prend en compte au contraire toutes les détermi-nations organiques qui interviennent dans le façonnement d'une plasticité humaine que l'on se gardera bien de confon-dre avec la liberté spirituelle de l'idéalisme hégélien. À moins de céder aux abus transcendantaux de l'idéalisme éthique, sinon théologique, il n'existe probablement aucun impératif moral qui retienne l'homme d'intervenir, d'une manière ou d'une autre, sur la constitution génétique de l'un de ses con-génères. Même quand la manipulation croit toucher l'en-semble du génome pour devenir clonage, la question est avant tout d'ordre anthropopoiétique.

Dans une réflexion qui prend en compte tant les facteurs épigénétiques que l'influence de l'environnement culturel,

---

[1]. En particulier, Lewontin, 2001, cite plusieurs intellectuels, juifs et chré-tiens, qui entrevoient la possibilité pour l'homme d'être désormais co-créateurs à côté de Dieu.

dans une perspective qui, de plus, tient compte du fait que le décalage temporel rend illusoire toute reproduction biologique à l'identique, Hunyadi nous rappelle que le clonage met fondamentalement en cause l'altérité de soi, constitutive de tout être institué en sujet ; il met en cause ce sentiment qu'a chaque être humain d'être différent des autres par le simple fait qu'il est né – et j'ajouterai : né parce qu'il est engendré de deux, quel que soit d'ailleurs le cas de reproduction sexuée envisagé. La condition de l'homme mortel se distingue donc par une double altérité de soi, une double altérité qui est indéfectiblement attachée à l'aléatoire : « Ainsi l'altérité de soi apparaît comme la condition à la fois ontologique – nécessaire mais évidemment pas suffisante – d'un exercice authentique de l'autonomie. L'autonomie entravée par le clonage n'est pas [...] l'autonomie mondaine au sens des conditions effectives d'exercice de l'autonomie telle qu'elle est rendue possible dans le monde [...], mais l'autonomie ontologique de l'individu qui surgit dans le monde non parce qu'il a été voulu tel, mais du simple fait qu'il y a surgi. Il s'agit de cette intégrité originaire – et, partant, du sentiment de cette intégrité – normalement garantie par un être-tel fondamentalement contingent parce que biologiquement aléatoire[1]. » Double altérité de soi dans sa double indétermination biologique.

Du point de vue scientifique, on pourrait sans doute admettre que l'homme prenne la place de Prométhée, voire celle de Zeus. En revanche, on peut se demander si l'homme est en mesure, sinon en droit de se substituer à la puissance du

1. Hunyadi, 2004, p. 82-91 (p. 85-86 pour la citation).

hasard qui, dans la tragédie grecque, agit souvent sous la forme de la *túkhe*, de la fortune, bonne ou mauvaise. L'homme peut-il prendre le relais de la *túkhe* ? L'homme peut-il avoir une influence sur le caractère constitutivement aléatoire du déroulement de la *moîra*, cette part qui lui est échue en tant que mortel, dès sa naissance ? Détient-il la capacité d'orienter ou d'empêcher la *sumphorá*, le renversement de fortune qui fait l'essence non seulement de la destinée du héros tragique, mais qui est inscrit dans la condition de l'être humain ? L'homme est-il en droit de tenter de manipuler la part d'aléatoire dans le fonctionnement et le développement de sa propre constitution génétique, de son propre génome ?

Sans alléguer l'influence de l'environnement sur un organisme en interaction plastique avec lui, sans parler par ailleurs des séquences qui, dans la structure de l'ADN, n'ont pas encore été l'objet d'un « déchiffrement » et dont les fonctions par conséquent nous échappent, sans parler non plus de la complexité des règles qui déterminent le rôle de « transcription » joué par l'ARN, on peut donc se demander si l'homme détient les moyens (technologiques et éventuellement éthiques) pour dominer la part de hasard intervenant dans les processus de production des protéines par le « programme » codé des gènes. En prenant les métaphores du code et du livre, dans le sens restreint qu'impose le paradigme sous-jacent du déterminisme causal apte à légitimer la manipulation génétique, bien des biotechniciens tendent à ignorer le rôle tenu par l'aléatoire. Dans une affirmation telle que « les règles du "jeu" sont les lois physico-chimiques qui régissent ces réactions (*i.e.* de la mémoire génétique et du réseau biochimique) ; et les conditions initiales sont la structure du génome et du réseau biochimique de l'œuf à partir desquelles les lois universelles de la physique et de la chimie sont canalisées de façon différente dans chaque organisme », Atlan[1] semble lui-même mettre entre parenthèses le rôle joué par un aléatoire qu'il vient pourtant d'alléguer. Dans leur épistémologie implicite, les biologistes dénient simplement tout rôle au hasard.

C'est sur ce point de la mise entre parenthèses de l'aléatoire et de l'incapacité à le maîtriser qu'il est possible d'évoquer l'acte d'*húbris* commis par Prométhée avec le don aux mortels de *tékhnai* d'ordre sémiotique[2]. En effet, si l'on veut bien prendre dans leur sens plein les métaphores empruntées au domaine des pratiques discursives et de la lecture de leurs manifestations écrites, est impliquée la marge d'indétermination et de potentialité, la marge d'ouverture sémantique propre à tout énoncé discursif dans sa configuration et dans sa refiguration. On a vu que les arts pratiques inventés par Prométhée relèvent eux aussi de l'habileté herméneutique, avec la part d'indétermination et de potentialité sémantiques que présuppose et que comporte toute interprétation de signes intégrés dans un système. Ainsi, en raison même de la polysémie constitutive de toute production verbale et discursive, les arts herméneutiques aptes à déchiffrer le « livre de la vie » présentent eux aussi une ouverture et une variabilité en partie soumises à l'aléatoire. En conséquence, si, dans l'état actuel de nos connaissances en biochimie, les pratiques manipulatoires sur le génome humain représentent bien le franchissement de l'une des limites assignées à

1. Atlan, 1999, p. 49-59 ; voir aussi la critique formulée par Gentili, 2004, p. 150-157.
2. Lewontin, 2001, traite en termes d'*hybris* la peur provoquée par la perspective du clonage humain alors que le plus bel exemple de clonage nous est offert par le récit biblique de la création d'Ève !

la condition de mortel, l'*hybris* est double ; elle consiste autant dans le refus de reconnaître notre incapacité à identifier et à corriger les effets du hasard que dans l'application d'une technologie implicitement fondée sur des principes épistémologiques erronés et trompeurs.

On en revient ainsi au problème épistémologique de fond posé à propos du concept de « patrimoine génétique » et de la relation entre l'inné et l'acquis. Dans sa réflexivité, le principe de la fabrication (organique, sociale et culturelle) de l'homme par l'homme conduit à se demander si la part de hasard, reconnue par les plus clairvoyants des biologistes dans les processus d'ordre génétique, ne serait pas l'effet du caractère forcément limité de nos connaissances. Et si l'aléatoire, au lieu de résider dans la constitution génétique de l'être humain, ne tenait pas au caractère interprétatif, herméneutique de notre savoir et de notre conception de la génétique ? Et si de la théorie de la connaissance réaliste et fondamentalement positiviste sous-jacente au génie génétique, il ne convenait pas de passer à une position idéaliste et néokantienne, attribuant à notre appareil de connaissance les principes de fonctionnement que nous projetons sur la « nature » ?

S'il est spontanément impossible, à qui se confronte régulièrement aux rochers des Alpes par différentes formes d'escalade, d'adopter une quelconque position idéaliste, en revanche l'interaction et la réciprocité reconnues entre l'organisation interne de la cellule et ses différents environnements interdisent toute forme de positivisme. Il apparaît en fait que, par les processus de l'anthropopoiésis comprise comme fabrication interactive et dynamique de l'homme, toute intervention de l'être humain sur son environnement (ou sur lui-même) a pour effet de le modifier : la réalité qu'il croit saisir de manière objective est donc soumise à de continuels changements, du fait même des processus de la connaissance. Cette séquence de modifications en réciprocité découle de l'extraordinaire plasticité organique et mentale (ou neuronale) de l'homme. Dans le contexte d'une telle interaction dynamique, les distinctions traditionnelles entre extérieur et intérieur, inné et acquis, nature et culture, corps et esprit sont marquées par la plus grande porosité, pour perdre de leur pertinence.

4.4. *Une technologie interprétative et civilisatrice ?*

Au-delà de la question de l'objectivité de l'ingénierie génétique, la version dramatique offerte par Eschyle quant aux limites assignées à la contribution prométhéenne à la civilisation des hommes nous reconduit d'autre part au problème de son avantage social. S'il faut trouver une légitimité à l'acte d'*hybris* commis par Prométhée à l'égard du pouvoir de Zeus et sans doute une explication à la réconciliation finale entre le héros et le dieu, on se souviendra que les différents arts sémiotiques et symboliques que le héros titan donne aux hommes sont des *ophelémata* : ils trouvent leur utilité et leur bien-fondé dans la production de la vie civilisée, et plus tard, chez Platon et avec l'aide de Zeus, dans la création du lien social par la vie en communautés civiques[1]. Relevant des subtilités et du savoir-faire de l'intelligence artisane et interprétative, ces techniques contribuent à une anthropopoiésis positive pour un homme qui serait à l'origine le plus dépourvu de tous les animaux ; le critère déterminant serait ici celui de l'utilité sociale et culturelle.

1. Eschyle, *Prométhée enchaîné* 251 et 501 ; voir aussi 222 ; Platon, *Protagoras* 322c.

Mais on a vu que, transférée dans l'économie capitaliste néo-libérale et mondialisée sous-jacente à la post- ou à l'hyper-modernité, l'avantage des nouvelles *tékhnai* se traduit pour l'instant essentiellement en termes de bénéfice d'ordre économique et financier. Ce transfert de pratiques répondant à un besoin humain de base vers une source de profits importants, fait passer au second rang les aspects moraux, sociaux et culturels de leur emploi anthropopoiétique : de la valeur d'usage, les biotechnologies sont désormais régies par la valeur d'échange. Comme on l'a brièvement signalé, au sein du paradigme économiste et libéral qui nous est imposé par de puissants moyens médiatiques, les enjeux du développement de la génomique et de l'ingénierie génétique humaines sont devenus essentiellement financiers, notamment (et pour l'instant surtout) dans le champ de l'industrie pharmaceutique et de la thérapie médicale. Par référence analogique avec le végétal, pensons simplement aux gigantesques profits que l'industrie agro-alimentaire occidentale tire des organismes génétiquement modifiés par la situation de monopole et de dépendance qu'elle parvient à imposer aux petits paysans, en particulier dans les pays du Sud.

Il reste néanmoins dans la configuration épistémologique sous-jacente aux pratiques de l'ingénierie génétique un domaine où, paradoxalement, l'analogie avec les procédures civilisatrices inventées par Prométhée peut se révéler, par le biais du concept instrumental de l'« anthropopoiésis », particulièrement éclairante. C'est celui de la sémiotique en tant que savoir sur les systèmes symboliques. En effet, de même que les techniques sophistiquées offertes par le héros aux hommes mortels sont pratiquement toutes fondées sur l'identification, l'interprétation et la manipulation d'ensembles de signes, de même que l'usage par l'homme de ces indices environnementaux conduit à la production d'artéfacts liés à une action civilisatrice, de même conviendrait-il, dans la compréhension du génome humain et dans l'exploitation de ses potentialités, de prendre les métaphores linguistiques qui le fondent dans leur sens plein. À l'image analogique du code renvoyant à un fonctionnement déterministe univoque, substituons donc définitivement les métaphores centrées sur le livre et le discours ; mais il convient de les penser désormais dans le déploiement de toutes leurs capacités évocatrices et signifiantes. En relation avec un environnement naturel et culturel marqué dans l'espace et dans le temps, non seulement la création, mais aussi la réception et la lecture d'un artéfact langagier présupposent en effet une large marge d'indétermination, mais aussi une production multiforme d'effets de sens ; ces effets de sens assument une fonction anthropopoiétique centrale dans la fabrication sociale et symbolique de l'être humain comme homme de culture[1].

Un tel constat devrait nous mettre en garde à l'égard des tentatives de comparaison, souvent très superficielles, entre évolution biologique et évolution culturelle. D'inspiration cognitiviste, une telle perspective vise à expliquer la création symbolique et les changements culturels par la transmission horizontale et verticale, géographique et historique entre les hommes, à l'instar de la transmission et de l'héritage génétiques : manière de réintroduire dans l'évolution des innombrables traditions de la culture des hommes, le principe d'une sélection naturelle qui aurait en définitive le dernier mot sur la « sélection culturelle », par effet réversif[2]…

1. Pour quelques timides indications dans ce sens, voir Lambert, 2003, p. 29-30.
2. Selon les propositions discutables de Cavalli-Sforza 2004, notamment 152-172 et 235-240.

Libérée de l'image du code, épurée des implications mécanistes de la théorie de l'information, la constellation des métaphores empruntées au domaine du langage verbal peut alors offrir toute sa richesse à l'égard de la compréhension du fonctionnement des séquences géniques de l'ADN dans la transcription en ARN messager et dans la traduction en protéines. Elle peut déployer l'éventail des possibilités sémantiques et interprétatives qu'impliquent autant les procédures de la transcription et de la traduction que celles de la lecture. De manière significative, l'assemblage des « mots » du génome et le « message » génétique dont ses séquences seraient porteuses sont envisagés en termes de grammaire et de syntaxe, jamais en termes de sémantique et donc d'effets de sens. En définitive : le livre, dans sa composante de combinatoire textuelle et sémantique, riche de différentes réalisations et d'effets de sens multiples, induisant plusieurs lectures, en interaction avec l'environnement de chaque lecteur singulier pour chaque interprétation particulière ; des lectures toujours soumises à une part d'indétermination, des lectures situées dans l'espace et dans le temps des hommes éphémères et mortels, des lectures ayant une forte dimension anthropopoïétique.

Mais ici encore, de même que pour *in-complétude*, aux implications sans doute inhibitrices provoquées par le terme à la morphologie négative d'*in-détermination* il convient de substituer les notions positives de la potentialité, de la virtualité, de la capacité. Dans la mesure même où tout énoncé discursif comporte dans sa marge constitutive de polysémie des potentialités sémantiques à exploiter et à réaliser, sa réception correspond toujours à une compréhension d'ordre interprétatif ; si elle varie selon les paramètres du temps et de l'espace, cette interprétation n'est est pas moins productrice. De plus, dans la mesure même où tout énoncé discursif est assorti d'une dimension et d'une fonction pragmatiques, on admettra que le processus génétique lui-même ainsi que nos tentatives d'intervention sur ce processus ne sont pas sans effets pratiques, d'ordre organique et intellectuel. Le fonctionnement et la manipulation des séquences d'ADN, identifiées en tant que gènes et copiées en ARN pour être transformées en protéines, ne seraient donc pas simplement partagés entre hasard et nécessité ; mais, de même que pour les énoncés de toute forme de discours, les effets de sens des séquences génétiques seraient déterminés à la fois dans leur agencement syntaxique et en relation avec leur environnement pour offrir des potentialités interprétatives multiples et constructives à partir d'un noyau sémantique fluide, soumis à un changement constant.

Configuration et détermination sémantiques, interaction pragmatique avec le contexte intérieur et extérieur, potentialités herméneutiques et créatrices (avec la part d'aléatoire que comporte leur réalisation) seraient les concepts métaphoriques et modélisants de base pour fonder l'épistémologie d'une technologie du génome humain prométhéenne ; une technologie qui, par ce biais historique, serait réellement anthropopoiétique.

5. Renaissance des sciences humaines

$\mathcal{D}$ÈS LORS L'INGÉNIERIE génétique et, avec elle, la plupart des biotechnologies deviendraient les parentes des *tékhnai* d'ordre sémiotique dont le Prométhée d'Eschyle gratifie les hommes mortels pour actualiser leurs dispositions sensorielles et pour les faire accéder à la civilisation. Fondés sur des savoirs à la fois artisanaux et interprétatifs, ces arts techniques comportent néanmoins dans leur application une part d'aléatoire et une part de potentialité dont la réalisation n'est pas prévisible, une part de puissance qui semble échapper au contrôle de l'homme. Ce sont sans doute ces potentialités sémantiques et herméneutiques qui, dans la mesure où les développements et conséquences en semblent insaisissables, peuvent conduire l'être humain à outrepasser les frontières qui lui sont assignées dans sa condition d'être limité et mortel. Cette question délicate et labile de l'herméneutique génétique pourrait être assurément affrontée par les innombrables instituts, comités et commissions d'éthique qui servent trop souvent d'alibi pour donner aux pratiques scientifiques et technologiques une bonne conscience d'ordre judéo-chrétien. Mais, dans la perspective théologique implicite qui est parfois celle de leurs membres, ces institutions de sauvegarde de l'éthique occidentale sont enclines à poser le problème de l'exploitation des capacités plastiques de l'homme (notamment dans le domaine génétique) en termes de création et de détermination par un être transcendant. Certaines des réponses proposées sont d'autant moins pertinentes que, dans le contexte de l'économie néolibérale et de l'investissement capitaliste dans des *start-up* destinées à favoriser le développement des biotechnologies, l'homme a moins tendance à se prendre pour Zeus ou pour le dieu tout-puissant des chrétiens ou des juifs que pour un expert en *management* financier, sinon pour la « main invisible » censée gouverner l'économie de marché.

Ce qui est désormais et finalement en jeu, c'est donc bien moins l'incomplétude qui serait constitutive de l'être humain tentant de la surmonter par le travail social de la culture que les potentialités organiques de l'homme dans des conséquences symboliques et culturelles qui, en interaction, en sont aussi les moteurs de développement. Sans doute le génie génétique semble-t-il accorder désormais à l'homme le pouvoir d'intervenir sur l'orientation et sur le déploiement de ces virtualités anthropopoïétiques – de manière définitive et transmissible certes, mais avec la part irréductible d'aléatoire que présuppose la plasticité des dispositifs organiques et psychiques de l'être humain. Parmi les nombreux processus de l'anthropopoïésis propres à chaque communauté humaine et à chaque culture, les biotechnologies ont ouvert de nouvelles possibilités quant à une fabrication de l'homme dans le sens de l'avantage social ; elles ont aussi alimenté de nouveaux fantasmes quant à l'« autofabrication de l'espèce », voire quant à la création de purs artéfacts humains[1] : Prométhée est devenu Frankenstein[2]...

Or, la fabrication de l'homme civilisé par Prométhée et ses techniques interprétatives dans la tragédie d'Eschyle (ou, mieux encore, dans le *Protagoras* de Platon) fait finalement du mortel un *zôon politikón*, un animal social. La figure inspiratrice sera donc bien ici le Prométhée de l'âge des sophistes grecs, et non pas le Dédale du mythe schématiquement revisité par le généticien John B. S. Haldane dans son interrogation, au début du siècle dernier, sur les conséquences de l'ectogénèse, c'est-à-dire sur les possibilités de développer un embryon humain artificiellement, hors du corps féminin. À relire les récits hellènes de la fabrication par le héros crétois de la vache qui permet à Pasiphaé de s'unir au taureau, du labyrinthe où enfermer le Minotaure, des statues animées par le souffle de la vie ou des ailes artificielles qui lui permettront de s'élever dans les airs, les arts de Dédale sont, dans leurs applications, fondamentalement ambigus. La narration mythique en fait des instruments du franchissement des limites assignées à l'homme, qu'il s'agisse de la frontière entre l'homme et l'animal ou de l'espace qui sépare les mortels des dieux ; à ces transgressions relevant de l'*hubris*, Dédale perdra son fils, le jeune Icare. Dans la perspective polythéiste grecque, il n'y a pas de simple maîtrise de la nature par la

1. L'expression est reprise à Atlan, 2005, p. 49, dans un chapitre où le savant indique bien que la découverte du « code » génétique a contribué à effacer désormais les partages traditionnels entre le vivant et le non-vivant, l'animé et l'inanimé, l'organique et l'inorganique ou – ajouterais-je – entre le végétal, l'animal et l'humain.

2. Voir les références données *supra* p. 102, note 1, avec les différentes contributions publiées par Heidmann (ed.), 2003.

technique ou d'exercice purement profane d'arts qui per-
mettraient de faire abstraction de la punition divine ; par
conséquent, pour nous et nos sciences appliquées de l'âge
des technologies postindustrielles, pas de politique du pire.
Il convient, au contraire, de ne pas attendre que l'abus ir-
réfléchi des arts technologiques provoque des conditions sociales si désastreuses et si intolérables qu'elles rendent vaine
toute réaction[1].

Pour prévenir l'anthropopoiésis biotechnologique contemporaine de placer la civilisation des hommes sous l'ordre économique néo-libéral et pour la soustraire au danger de franchir
les frontières assignées à la logique du pur profit, sans doute
aurait-on avantage à considérer l'ingénierie génétique sur le
génome humain non pas comme une pure technologie, source
d'éventuels bénéfices financiers, mais comme un art pratique
et interprétatif, avec des effets sociaux et symboliques dont il
s'agit de mesurer avec beaucoup d'intelligence le profil et la
portée ; un art réflexif et critique aussi, dans la mesure où il
relève de l'anthropopoiésis. Cet art génétique s'inscrirait dans
ces *tékhnai* herméneutiques, dans ces « techniques de la culture » déployées par Prométhée dans la tragédie homonyme
d'Eschyle[2]. C'est là un très vaste champ de recherche qui
s'ouvre aux sciences humaines en général et qui est susceptible de les revitaliser. Anthropologues, sociologues, historiens
et linguistes pourraient collaborer pour s'interroger sur les

1. Haldane, 1923, p. 46-51, largement commenté par Atlan, 2005, p. 9-24,
dans l'essai qu'il vient de consacrer aux conséquences scientifiques et
sociales des perspectives de reproduction ouvertes par « l'utérus artificiel ».
L'ambivalence des arts de Dédale et le risque d'excès dans leur exercice
sont bien dits par Frontisi-Ducroux, 2000, p. 177-192.
2. Böhme, 2002, p. 153-155, désigne avec bonheur les arts du Prométhée
d'Eschyle comme *Kulturtechniken*.

conséquences épistémologiques et sociales de la part d'indétermination constructive que semblent impliquer les processus naturels et les interventions artificielles sur les données
génétiques de l'homme ; ceci en relation interactive (mais sans
exacte réciprocité) avec l'environnement épigénétique, avec
le contexte organique et avec l'écologie sociale et culturelle de
l'homme. Il s'agirait d'explorer, sinon tenter de dominer cette
part de l'imprévisible, au sein d'un système complexe de
multidéterminisme constamment brouillé par l'accident.

Objet construit par les biosciences, le génome humain peut
en effet être considéré comme l'un des carrefours organiques
de plusieurs déterminismes, des déterminismes qui sont actifs
à plusieurs niveaux biochimiques et environnementaux, des
déterminismes qui, comme les arts interprétatifs définis par
Prométhée, comptent tous leur part d'imprévisibilité. Le jeu
étymologisant auquel invite le nom même de Pro-méthée doit
être compris dans ce sens : le Pré-scient, le Pré-voyant, dans
un art de la divination dont le héros fait preuve dans la tragédie d'Eschyle elle-même en annonçant le terme heureux de la
carrière d'Iô et de son propre destin ; un art non pas du
déchiffrement mécaniste, mais un savoir interprétatif susceptible de donner un sens possible à un parcours par les confins
du monde habité par les hommes, par les limites de la condition de mortel et de sa temporalité.

Au-delà des espoirs de réalisation mécaniste des phantas-
mes de la reproduction à l'identique et de l'immortalité dans
la continuité de l'*idem*, la perspective génétique pourrait nous
conduire à une nouvelle définition, plurielle et dynamique,
d'une civilisation à repenser sans cesse, en tenant compte d'une
« *semiotic indeterminacy* » constitutive et de la réflexivité impliquée par tout processus de fabrication de l'homme par

l'homme ! Dès lors, les sciences du vivant, en refusant leur réduction à de simples biotechnologies, sont susceptibles de redonner une pertinence aux sciences humaines, entendues comme savoirs auto-réflexifs et collectifs sur les manifestations et actions sociales et culturelles de l'homme dans la fabrication collective de l'être humain par lui-même. Par une approche anthropopoiétique, les sciences de la vie sont elles-mêmes capables d'empêcher les sciences de l'homme de verser dans la constante naturalisation à laquelle les invitent les sciences cognitives, dans des nouvelles formes de behaviorisme. En collaboration avec les sciences du vivant, les sciences sociales ont au contraire pour tâche d'explorer, de gérer et de tenter de compenser la part d'aléatoire inhérente au développement des individus et de leurs communautés. Il ne s'agit pas d'une maîtrise de la part de hasard inhérente à tout processus de fabrication de l'homme, que celle-ci soit inscrite dans la nature des choses ou qu'elle dépende de l'imperfection de nos savoirs. Mais en raison même des limites assignées à la condition de l'homme mortel, les sciences de la vie associées aux sciences humaines peuvent contribuer à corriger les effets de la contingence dans de constantes renégociations fondées non pas sur la concurrence néo-libérale, mais sur l'interaction et la solidarité sociales.

En dépit du filtre perceptif que constituent les structures de la cognition, en dépit des procédures schématisantes qu'elles nous imposent et quelle qu'en soit la nature, à l'écart donc de toute position néo-kantienne universalisante ou relativisante, autant nos instruments empiriques que nos modèles formels désormais numérisés nous permettent d'atteindre le réel. Mais cette perception par le biais de notre appareil sensoriel et par nos instruments d'investigation, cette

« objectivation » active entraînent la transformation de ce réel. Autant dans le domaine de la bio-médecine que dans celui de l'environnement, les modifications sont là, perceptibles à nos sens, provoquant de nouvelles transformations dans le flux du temps biologique et cosmique. Ce flux est fait de l'interaction entre l'être humain et son entourage, entre un homme qui est lui-même entraîné dans une histoire individuelle et collective faite d'aléatoire et d'« *agency* », et un monde relevant du vivant et du social ; ce monde, l'homme contribue à le modifier sans cesse par son action, mais sans cet environnement interactif, il ne survivrait pas. Travaillant de fait aux points d'interpénétration entre l'homme ou plutôt les hommes et leur environnement, les sciences biologiques effacent le Grand Partage entre sciences naturelles et sciences humaines ; elles démontrent l'entière perméabilité de leurs domaines d'application et de leurs relations. Les sciences du vivant sont à l'évidence des sciences humaines.

Dans le discours d'apparat qu'il consacre à vanter les valeurs de l'Athènes classique, le rhéteur Isocrate se demande s'il ne convient pas de faire coïncider le début de la civilisation athénienne avec les deux dons accordés par Déméter aux habitants de la région : l'agriculture et l'initiation au culte à mystère avec sa promesse, pour les hommes, d'une vie meilleure après la mort. Quoi qu'il en soit de la valeur historique que l'on peut encore conférer, au terme de l'âge classique athénien, à l'intervention de la mère de Perséphone en Attique, Isocrate ne manque pas d'ajouter : « Si en laissant de côté cette question nous examinons la situation dès son origine, nous trouverons que les premiers hommes apparus sur la terre n'ont pas d'emblée connu un mode de vie analogue au mode présent, mais qu'ils s'en sont procuré les moyens

techniques peu à peu, ensemble. Faut-il donc admettre plutôt qu'ils les ont reçus en tant que dons des dieux ou qu'ils se
les sont au contraire procurés par leurs recherches[1] ? » En
dépit des déclarations des Présidents Clinton et Bush Jr, la
question désormais ne se pose plus ! Mais d'Hésiode à Platon en passant par Eschyle ou Hippocrate, les penseurs de
cette culture distante qu'est la culture grecque peuvent contribuer, par le biais des sciences modernes des signes et par
contraste anthropologique, à éclairer les nombreuses zones
d'ombre de l'épistémologie implicite fondant le paradigme
technologique contemporain.

1. Isocrate, *Panégyrique* 28-33 ; les pratiques religieuses des Grecs étant fondées davantage sur le respect des rituels que sur une théologie érigée en
dogme, il serait vain de vouloir trouver dans cette possibilité d'une référence aux dieux dans l'action civilisatrice des hommes le fondement d'une
quelconque morale théologique.

Bibliographie

J.-M. Adam, *Linguistique textuelle. Des genres du discours aux textes*, Paris (Nathan) 1999

J.-M. Adam & S. Catsicas, « Langage des gènes, langage des signes : similitudes pour un même discours ? », *Polyrama* 115, 2001, p. 29-33

F. Affergan, S. Borutti, C. Calame, U. Fabietti, M, Kilani, F. Remotti, *Figures de l'humain. Les représentations de l'anthropologie*, Paris (Éditions de l'Ehess) 2003

J. Alcock, *The Triumph of Sociobiology*, Oxford (Oxford University Press) 2001

F. Ansermet, « Le désir de cloner », *La Cause freudienne. Nouvelle Revue de Psychanalyse* 57, 2004, p. 33-38

F. Ansermet & P. Magistretti, *À chacun son cerveau. Plasticité neuronale et inconscient*, Paris (Odile Jacob) 2004

W. Arber, « L'imprédictible en génétique », in I. Prigogine (éd.), *L'Homme devant l'incertain*, Paris (Odile Jacob) 2001, p. 93-101

H. Atlan, *La Fin du « tout génétique » ? Vers de nouveaux paradigmes en biologie*, Paris (Inra) 1999

– « Possibilités biologiques, impossibilités sociales », in H. Atlan (*et al.*), *Le Clonage humain*, Paris (Seuil) 2000, p. 17-41

– *L'Utérus artificiel*, Paris (Seuil) 2005

R. Bees, *Zur Datierung des Prometheus Desmotes*, Stuttgart (Teubner) 1993

É. Benveniste, *Problèmes de linguistique générale*, Paris (Gallimard) 1966

F. Blaise, P. Judet de La Combe, Ph. Rousseau (éds), *Le Métier du mythe. Lectures d'Hésiode*, Lille (Septentrion) 1996

H. Böhme, « Hesiod und die Kultur. Frühe griechische Konzepte von Natur, mythischer Ordnung und ästhetischer Wahrnehmung », in L. Musner & G. Wunberg (ed.), *Kulturwissenschaften. Forschung-Praxis-Positionen*, Wien (WUV) 2002, p. 137-160

P. Bonnemère, « Quand les hommes répliquent une gestation. Une analyse des représentations et des rites de la croissance et de la maturation des garçons chez les Ankave-Anga (Papouasie Nouvelle-Guinée) », in Godelier & Panoff (éds), 1998, p. 81-113

S. Borutti, « Pour une anthropologie de l'inachèvement (Kant, Heidegger, Wittgenstein, Freud) » in Affergan, Borutti, Calame, Fabietti, Kilani, Remotti, 2003, p. 307-326

P. Bourdieu, *Ce que parler veut dire*, Paris (Fayard) 1982, repris dans *Langage et pouvoir symbolique*, Paris (Seuil) 2001

L. Brisson, « Le mythe du Protagoras », *Quaderni Urbinati di Cultura Classica* 20, 1975, p. 7-37

K. Brown, « La lecture du génome humain », *Pour la science* 275, 2000, p. 40-45

A. Buchanan, D.W. Brock, N. Daniels, D. Wikler, *From Chance to Choice. Genetics and Justice*, Cambridge (Cambridge University Press) 2000

C. Calame, « Rythme, voix et mémoire de l'écriture en Grèce classique », in R. Pretagostini (éd.), *Tradizione e innovazione nella cultura greca da Omero all'età ellenistica*, Roma (Gruppo Editoriale Internazionale) 1993, p. 785-799 (repris en 2008, p. 205-216)

– « Variations énonciatives, relations avec les dieux et fonctions poétiques dans les *Hymnes homériques* », *Museum Helveticum* 52, 1995, p. 2-19 (repris en 2005, p. 43-71)

– *Mythe et histoire dans l'Antiquité grecque. La création symbolique d'une colonie*, Lausanne (Payot) 1996

– *Poétique des mythes dans la Grèce antique*, Paris (Hachette) 2000

– *L'Éros dans la Grèce antique*, Paris (Belin) 2002 (1re éd. 1996)

– « Interprétation et traduction des cultures. Les catégories de la pensée et du discours anthropologiques », *L'Homme* 163, 2002, p. 51-78

– *Masques d'autorité. Fiction et pragmatique dans la poétique grecque antique*, Paris (Belles Lettres) 2005

– *Sentiers transversaux. Entre poétiques grecques et politiques contemporaines*, Grenoble (Jérôme Millon) 2008

C. Calame & M. Kilani (éds), *La Fabrication de l'humain dans les cultures et en anthropologie*, Lausanne (Payot) 1999

G. R. Cardona, *Introduzione all'etnolinguistica*, Bologna (Il Mulino) 1976

    – *La foresta di piume. Manuale di etnoscienza*, Roma/Bari (Laterza) 1985

M. Cassier & J.-P. Gaudillière, « Le génome : bien privé ou bien commun ? », *Biofutur* 204, 2000, p. 26-30

M. Cassier & J.-P. Gaudillière, « Un effet pervers du brevetage des gènes humains », *La Recherche* 341, 2001, p. 76-79

E. Cassirer, *Essai sur l'homme*, Paris (Minuit) 1975 (éd. or. : *An Essay on Man. An Introduction to a Philosophy of Human Culture*, New Haven & London, Yale University Press, 1956)

C. Castoriadis, *Figures du pensable. Les carrefours du Labyrinthe* VI, Paris (Seuil) 1999

L. Cavalli-Sforza, *Évolution biologique, évolution culturelle*, Paris (Odile Jacob) 2005 (éd. or. : *L'Evoluzione della cultura*, Torino, Codice Edizioni, 2004)

G. Cerri, *Il linguaggio politico nel* Prometeo *di Eschilo. Saggio di semantica*, Roma (Ateneo) 1975

    – *Platone sociologo della comunicazione*, Lecce (Argo) 1996 (2ᵉ éd.)

C. Cohen, *L'Homme des origines : savoir et fiction en préhistoire*, Paris (Seuil) 1999

D. Cohen, *Les Gènes de l'espoir. À la découverte du génome humain*, Paris (Laffont) 1993

F. Crick, « On Protein synthesis », *Symposium of the Society of Experimental Biology* 12, 1958, p. 138-163 (trad. fr. in *Une vie à découvrir : de la double hélice à la mémoire*, Paris, Odile Jacob, 1989)

Ch. Darwin, *La Descendance de l'homme et la sélection sexuelle*, Paris (C. Reinwald) 1881 (3ᵉ éd., éd. or. : *The Descent of Man, and Selection in Relation to Sex*, London, J. Murray, 1874, 2ᵉ éd.)

T. W. Deacon, *The Symbolic Species. The co-evolution of language and the human brain*, London (Penguin Books) 1998

P. Demont, « Hubris, "outrage", "anomie" et "démesure", de Gernet à Fisher : quelques remarques », in P. Brillet-Dubois et É. Parmentier (éds), *Philologia : Mélanges offerts à Michel Casevitz*, Lyon (Maison de l'Orient et de la Méditerranée) 2006, p. 347-359

Ph. Descola & G. Palsson (éds), *Nature and Society. Anthropological Perspectives*, London/New York (Routledge) 1996

M.-L. Desclos, « Autour du "Protagoras" : Socrate médecin et la figure de Prométhée », *Quaderni di Storia* 36, 1992, p. 105-140

M. Detienne & J.-P. Vernant, *Les Ruses de l'intelligence. La mètis des Grecs*, Paris (Flammarion) 1974

J.-F. Dortier, *L'Homme, cet étrange animal… Aux origines du langage, de la culture et de la pensée*, Auxerre (Éditions Sciences Humaines) 2004

J. Dubochet & A. Pichot, « Génome humain et génie génétique : des prétentions trop élevées ? », *Polyrama* 115, 2001, p. 42-45

M. Duchet, *Anthropologie et histoire au siècle des Lumières*, Paris (Albin Michel) 1995 (1ʳᵉ éd. : Paris, La Découverte, 1971)

U. Eco, *Semiotica e filosofia del linguaggio*, Torino (Einaudi) 1984 (trad. fr. : *Sémiotique et philosophie du langage*, Paris, PUF, 1988)

The ENCODE Project Consortium, « Identification and analysis of functional elements in 1 % of the human genome by the ENCODE pilot project », *Nature* 447, 14 juin 2007, p. 799-816

A. Favole & S. Allovio, « Plasticità e incompletezza tra etnografie e neuroscienze », in Remotti (éd.), 1999, p. 169-208

E. Faye, *Heidegger : L'introduction du nazisme dans la philosophie*, Paris (Albin Michel) 2005

K. Finkler, « The Kin in the Gene. The Medicalization of Family and Kinship in American Society », *Current Anthropology* 42, 2001, p. 235-263

A. Ford, *The Origins of Criticism. Literary Culture and Poetic Theory in Classical Greece*, Princeton/Oxford (Princeton University Press) 2002

N. Forsyth, « Le Prométhée de 1816 : Frankenstein et ses compagnons littéraires », in Heidmann (éd.), 2003, p. 153-186

E. Fox Keller, *Refiguring Life. Metaphors of Twentieth-Century Biology*, New York (Columbia University Press) 1995 (trad. fr. : *Le Rôle des métaphores dans les progrès de la biologie*, Paris, Synthelabo, 1999) – *The Century of the Gene*, Cambridge MA/London (Harvard University Press) 2000 (trad. fr. : *Le Siècle du gène*, Paris, Gallimard, 2003)

H. Fränkel, *Wege und Formen frühgriechischen Denkens. Literarische und philosophiegeschichtliche Studien*, München (C. H. Beck) 1960 (1re éd. 1955)

Ph. Froguel & C. Smadja, « Capitaliser en bourse le génome humain », *Manières de voir* (*Le Monde diplomatique*) 38, 1998, p. 52-54

F. Frontisi-Ducroux, *Dédale. Mythologie de l'artisan en Grèce ancienne*, Paris (La Découverte) 2000 (1re éd. 1975)

J.-P. Gaudillière, *La Médecine et les sciences. XIXe-XXe siècles*, Paris (La Découverte) 2006

C. Geertz, *The Interpretation of Cultures. Selected Essays*, New York (Basic Books) 1973 – « Culture, esprit, cerveau », in F. Rastier & S. Bouquet (éds), *Une introduction aux sciences de la culture*, Paris (PUF) 2002, p. 229-241

The Genome Sequencing Consortium, « Initial sequencing and analysis of human genome », *Nature* 409, 15 février 2001, p. 860-921

B. Gentili, « Tra ricerca umanistica e ricerca scientifica », *Quaderni Urbinati di Cultura Classica* 104, 2004, p. 143-157

M.B. Gerstein (*et al.*), « What is a gene, post-ENCODE ? History and updated definition », *Genome Research* 17, 2007, p. 669-681

M. Godelier, « Corps, parenté, pouvoir(s) chez les Baruya de Nouvelle-Guinée », in Godelier & Panoff (éds), 1998, p. 1-38

M. Godelier & M. Panoff (éds), *La Production du corps. Approches anthropologiques et historiques*, Amsterdam (Éditions des archives contemporaines) 1998

J. Goody, *The Domestication of the Savage Mind*, Cambridge (Cambridge University Press) 1977 (trad. fr. : *La Raison graphique. La domestication de la pensée sauvage*, Paris, Minuit, 1979)

M. Griffith, *Æschylus. Prometheus Bound*, Cambridge (Cambridge University Press) 1983

J.-B. Grize, *Logique naturelle et communications*, Paris (PUF) 1996

J. Habermas, *Die Zukunft der menschlichen Natur. Auf dem Weg zu einer liberalen Eugenik ?* Frankfurt a/M. (Suhrkamp) 2001 (trad. fr. *L'Avenir de la nature humaine. Vers un eugénisme libéral ?*, Paris, Gallimard, 2002)

C. Hagège, *L'Homme de paroles. Contribution linguistique aux sciences humaines*, Paris (Fayard) 1986 (2ᵉ éd.)

J. B. S. Haldane, *Dædalus or Science and the Future*, London (Kegan Paul) 1923

F. Hartog, *Le Miroir d'Hérodote. Essai sur la représentation de l'autre*, Paris (Gallimard) 2001 (1ʳᵉ éd. 1980)

J. G. Herder, *Ideen zur Philosophie der Geschichte der Menschheit*, Frankfurt a/M. (Deutscher Klassiker Verlag) 1989 (éd. or. : Riga/Leipzig, 1785-1792 ; trad. fr. : *Idées pour la philosophie de l'histoire de l'humanité*, Paris, F. G. Levrault, 1827)

    – *Der entfesselte Prometheus. Scenen* in *Adrastea*, Leipzig (Hartknoch) 1802 : = *Sämtliche Werke* XXVIII, éd. B. Suphan & K. Redlich, Berlin (Weidmann) 1884, p. 330-352

M. Heidegger, *Die Selbstbehauptung der deutschen Universität*, Breslau (W. G. Korn) 1933 (trad. fr. : *L'Auto-affirmation de l'Université allemande*, Mauvezin, Trans-Europ-Repress, 1987, 2ᵉ éd.)

U. Heidmann (éd.), *Poétiques comparées des mythes*, Lausanne (Payot) 2003

L. Hjemslev, *Le Langage. Une introduction*, Paris (Gallimard) 1991 (2ᵉ éd. ; éd. or. : København, Berlingske Forlag, 1963)

G. Herdt, *Guardians of the Flutes* I. *Idioms of Masculinity*, Chicago/London (The University of Chicago Press) 1994 (2ᵉ éd.)

M. Hunyadi, *Je est un clone. L'éthique à l'épreuve du clonage*, Paris (Seuil) 2004

M. Idel, « Golems and God. Mimesis and Confrontation », in Krüger, Sariönder, Deschner (éds), 2003, p. 224-268

R. Innerhofer, « Von Frankensteins Monster zu Edisons Eva. Die Geburt des künstlichen Menschen aus dem Geiste der Maschine », in Krüger, Sariönder, Deschner (éds), 2003, p. 269-281

F. Jacob, *La Logique du vivant. Une histoire de l'hérédité*, Paris (Gallimard) 1970

F. Jacob & J. Monod, « Genetic Regulation Mechanisms in the Synthesis of Proteins », *Journal of Molecular Biology* 3, 1961, p. 318-356

A. Jacquard, *La Science à l'usage des non-scientifiques*, Paris (Calmann-Lévy) 2001

J. Jouanna, *Hippocrate* II.2. *Airs, eaux, lieux*, Paris (Belles Lettres) 1996

L. E. Kay, *Who Wrote the Book of Life ? A History of the Genetic Code*, Stanford (Stanford University Press) 2000

S. Klimis, *Archéologie du sujet tragique*, Paris (Kimé) 2003

B. M. Knoppers, « Le génome humain : propriété individuelle ou patrimoine commun ? », in J.-F. Mattei (éds), *Regard éthique : le génome humain*, Strasbourg (Conseil de l'Europe) 2001, p. 117-125

O. Krüger, R. Sariönder, A. Deschner (éds), *Mythen der Kreativität. Das Schöpferische zwischen Innovation und Hybris*, Frankfurt a/M. (Lembeck) 2003

J.-J. Kupiec & P. Sonigo, *Ni Dieu, ni gène. Pour une autre théorie de l'hérédité*, Paris (Seuil) 2000

G. Lambert, *La Légende des gènes. Anatomie d'un mythe moderne*, Paris (Dunod) 2003

C. Lévi-Strauss, *Mythologiques* IV. *L'homme nu*, Paris (Plon) 1971

J.-M. Lévy-Leblond, « La science est-elle universelle ? », *Alliage* 55/56, 2005, p. 104-115

R. C. Lewontin, *It Ain't Necessarily So : The Dream of the Human Genome and Other Illusions*, (New York Review of Books) 2000 – *Gene, organismo e ambiente*, Roma-Bari (Laterza) 1999 (trad. fr. : *La Triple hélice. Les gènes, l'organisme, l'environnement*, Paris, Seuil, 2003)

R. Löbl, *TEKHNE – tekhne. Untersuchungen zur Bedeutung dieses Wortes in der Zeit von Homer bis Aristoteles* I. *Von Homer bis zu den Sophisten*, Würzburg (Königshausen und Neumann) 1997

H. Lloyd-Jones, *The Justice of Zeus*, Berkeley-Los Angeles (The University of California Press) 1971

B. Malinowsli, *Argonauts of the Western Pacific. An Account of Native Enterprise and Adventure in the Archipelagos of Melanesian New Guinea*, New York (John Hawkins) 1922 (trad. fr. : *Les Argonautes du Pacifique occidental*, Paris, Gallimard, 1963)

B. Manuwald, « Goldene Zeit, Fortschrittsdenken und Grenzüberschreitung. Zur Kulturtheoretischen Texten aus der griechischen und römischen Antike », in Krüger, Sariönder, Deschner (éds), 2003, p. 123-141

M. Mauss, *Sociologie et anthropologie*, Paris (PUF) 1968 (1re éd. : 1950)

H. Meschonnic, *Le Langage Heidegger*, Paris (PUF) 1990 – *Heidegger ou le national-essentialisme*, Paris (Laurence Teper) 2007

M. Morange, *La Part des gènes*, Paris (Odile Jacob) 1998

K. Morgan, *Myth and philosophy from the Presocratics to Plato*, Cambridge (Cambridge University Press) 2000

E. Morin, *Le Paradigme perdu : la nature humaine*, Paris (Seuil) 1973

G. Nagy, *The Best of the Achæans. Concepts of the Hero in Archaic Greek Poetry*, Baltimore-London (The Johns Hopkins University

Press) 1979 (trad. fr. : *Le Meilleur des Achéens. La fabrique du héros dans la poésie grecque archaïque*, Paris, Seuil, 1994)

V. Nyckees, *La Sémantique*, Paris (Belin) 1998

C. Osborne, *Dumb Beasts and Dead Philosophers. Humanity and the Humane in Ancient Philosophy and Literature*, Oxford (Clarendon Press) 2007

G. Pálsson & K. E. Hardardóttir, « For Whom the Cell Tolls. Debates about Biomedicine », *Current Anthropology* 43, 2002, p. 271-301

P. Pisi, *Prometeo nel culto attico*, Roma (Ateneo) 1990

R. Plomin, J. C. De Fries, G. E. McClearn, M. Rutter, *Behavioral Genetics*, New York (W. H. Freeman) 1997 (3ᵉ éd. ; trad. fr. : *Des gènes au comportemnt. Introduction à la génétique comportementale*, Bruxelles, De Boeck Université, 1999)

P. Pucci, « Prométhée d'Hésiode à Platon », *Communications* 78, 2005, p. 51-70

P. Rabinow, *French DNA, Trouble in Purgatory*, Chicago/London (The University of Chicago Press) 1999 (trad. fr. : *Le Déchiffrage du génome. L'aventure française*, Paris, Odile Jacob, 2000)

F. Rechenmann & Ch. Gautier, « Donner un sens au génome », *La Recherche* 332, 2000, p. 39-45

J. H. Relethford, *The Human Species. An introduction to Biological Anthropology*, London – Toronto (Mayfield) 1997 (éd. or. : 1990)

F. Remotti, « Thèses pour une perspective anthropopoiétique », in Calame & Kilani (éds), 1999, p. 15-31
    – *Prima lezione di antropologia*, Roma-Bari (Laterza) 2000
    – « De l'incomplétude », in Affergan, Borutti, Calame, Fabietti, Kilani, Remotti, 2003, p. 19-74
    – « Interventions esthétiques sur le corps », in Affergan, Borutti, Calame, Fabietti, Kilani, Remotti, 2003, p. 279-306

F. Remotti (éd.), *Forme di umanità. Progetti incompleti e cantieri sempre aperti*, Torino (Paravia) 1999

J.-M. Renaud & P. Wathelet, « Les débuts de l'humanité dans le *Prométhée enchaîné* d'Eschyle », in J. Fabre-Serris (éd.), *Mythe et/*

*ou philosophie dans les textes grecs et latins sur les origines de l'huma-
nité* (*Uranie* 9), Lille (Université Charles-de-Gaulle-Lille 3) 2000,
p. 29-65

J.-L. Renck & V. Servais, *L'Éthologie. Histoire naturelle du comportement*, Paris (Seuil) 2002

I. Robertson, *Mind Sculpture. Your Brain's Untapped Potential*,
London-NewYork (Bantam Books) 1999

W. Rösler, « Der Chor als Mitspieler. Beobachtungen zur "Antigone" », *Antike und Abendland* 39, 1983, p. 107-124

S. Saïd, *Sophiste et tyran ou le problème du Prométhée enchaîné*, Paris
(Klincksieck) 1985
   – « Les dons de Prométhée et leur valeur dans le "Prométhée
   enchaîné" à la lumière d'une comparaison avec Hésiode, Platon
   et Ælius Aristide », *Lexis* 24, 2006, p. 247-263

M. M. Sassi, *La Scienza dell'uomo nella Grecia antica*, Torino (Bollati
Boringhieri) 1988

F. Schenk, G. Leuba, Ch. Büla, *Du Vieillissement cérébral à la maladie d'Alzheimer. Autour de la notion de plasticité*, Bruxelles (De
Boeck) 2004

A. W. Schlegel, *Prometheus*, in *Schiller Musen-Almanach für* 1798,
p. 49-73 = *Sämtliche Werke* I (E. Böcking éd.), Leipzig (Weidmann)
1846, p. 49-60

E. Schrödinger, *What is Life ? The Physical Aspect of the Living Cell*,
Cambridge (Cambridge University Press) 1967 (éd. or. : 1944 ;
trad. fr. : *Qu'est-ce que la vie ? L'aspect physique de la cellule vivante*,
Paris, Christian Bourgois, 1986)

Ch. Segal, *Tragedy and Civilization. An Interpretation of Sophocles*,
Cambridge MA-London (Harvard University Press) 1981
   – *Singers, Heroes, and Gods in the* Odyssey, Ithaca-London
   (Cornell University Press) 1994

C. E. Shannon & W. Weaver, *The Mathematical Theory of Communication*, Urbana (The University of Illinois Press) 1949

E. Sober, « The Meaning of Genetic Causation », in Buchanan,
Brock, Daniels, Wikler, 2000, p. 347-370

Ch. Sourvinou-Inwood, *"Reading" Greek Death. To the End of the Classical Period*, Oxford (Clarendon Press) 1995

J. Stewart, « Au-delà de l'inné et de l'acquis », *Intellectica* 16, 1993, p. 151-174
  – *La Vie existe-t-elle ? Réconcilier génétique et biologie*, Paris (Vuibert) 2004

J. Stiglitz, *Un autre monde. Contre le fanatisme du marché*, Paris (Fayard) 2006 (éd. or. : *Making Globalization Work*, New York, W. W. Norton, 2006)

R. Strohman, « Epigenesis ; the missing beat in biotechnology », *Nature Biotechnology* 12, 1994, p. 156-164
  – « Epigenesis and complexity. The coming Kuhnian revolution in biology », *Nature Biotechnology* 15, 1997, p. 194-200

J. Testart, *Des Hommes probables. De la procréation aléatoire à la reproduction normative*, Paris (Seuil) 1999

R. Thomas, *Herodotus in Context. Ethnography, Science and the Art of Persuasion*, Cambridge (Cambridge University Press) 2000

P. Tort, *Darwin et le darwinsime*, Paris (Presses Universitaires de France) 1997
  – *L'Effet Darwin. Sélection naturelle et naissance de la civilisation*, Paris (Seuil) 2008

F. Turato, *Prometeo in Germania. Storia della fortuna e dell'interpretazione nel* Prometeo *di Eschilo nella cultura tedesca (1771-1871)*, Firenze (Olschki) 1988

J. Turney, « Signs of Life – Taking Genetic Literacy Seriously », in P. Glasner & H. Rothman (éds), *Genetic Imaginations : Ethical, Legal and Social Issues in Human Genome Research*, Aldershot (Ashgate) 1998, p. 131-140

M. Vegetti, « Dans l'ombre de Toth. Dynamique de l'écriture chez Platon », in M. Detienne (éd.), *Les Savoirs de l'écriture. En Grèce ancienne*, Lille (Presses Universitaires de Lille) 1988, p. 387-419

C. Venter (*et al.*), « The sequence of the human genome », *Science* 291, 16 février 2001, p. 1304-1351

J.-P. Vernant, *Mythe et pensée chez les Grecs. Études de psychologie historique*, Paris (La Découverte) 1996 (1ʳᵉ éd. 1965)
  – *Mythe et société en Grèce ancienne*, Paris (Maspero) 1974

J.-P. Vernant & P. Vidal-Naquet, *Mythe et tragédie en Grèce ancienne*, Paris (Maspero) 1972

G. Vigarello, *Histoire de la beauté. Le corps et l'art d'embellir de la Renaissance à nos jours*, Paris (Seuil) 2004

J. D. Watson & A. Berry, *DNA. The Secret of Life*, New York (Random House) 2003 (trad. fr. : *ADN. Le secret de la vie*, Paris, Odile Jacob, 2003)

J. D. Watson & F. H. C. Crick, « Molecular Structure of Nucleic Acids. A Structure for Deoxyribose Nucleic Acid », *Nature* 4356, 1953, p. 737

M. L. West, *Hesiod*. Theogony, Oxford (Clarendon Press) 1966

F. M. Wuketits, *Eine kurze Kulturgeschichte der Biologie. Mythen – Darwinismus – Gentechnik*, Darmstadt (Wissenschaftliche Buchgesellschaft) 1998